십자가에서 예수를 내리다

책을 집필하면서 더없이 하나님께 감사한 것은
혼자가 아니라 함께라는 깨달음 때문이다.
참 고마운 분들이 많았다.
그렇기에 집필을 시작할 수 있었고, 마무리도 할 수 있었다.
특별히 아내, 진아에게는
마음으로만 고마움을 전하기에는 너무나 커
이렇게 글로써 전한다.
외롭기도 하고, 힘들 때도 있었고,
그리고 불안이 엄습할 때도 있었지만
그래도 함께여서 견디며 여기까지 올 수 있었다.

십자가에서 예수를 내리다

박원기 지음

초판 1쇄 인쇄	2024년 7월 8일
초판 1쇄 발행	2024년 7월 22일
발행처	도서출판 이레서원
발행인	문영이
출판신고	2005년 9월 13일 제2015-000099호
기획·마케팅	신창윤
편집	송혜숙
총무	곽현자

경기도 고양시 일산동구 백석로71번길 46, 1층 1호
Tel. 02)402-3238, 406-3273 / Fax. 02)401-3387
E-mail: Jireh@changjisa.com Facebook: facebook.com/jirehpub

책값은 표지에 있습니다.

ISBN 978-89-7435-004-8 03230

신저작권법에 의하여 한국 내에서 보호받는 저작물이므로 저작권자의 서면 허락 없이 이 책의 어떠한 부분이라도 전자적인 혹은 기계적인 형태나 방법을 포함해서 그 어떤 형태로든 무단 전재하거나 무단 복제하는 것을 금합니다.

십자가에서 예수를

박원기 지음

내리다

이레서원

목차

- 첫 매듭   9

제1장 십자가에서 예수를 내리다   21
  1. 십자가에 달린 예수를 보다   23
  2. 십자가에 달린 이유를 묻다   27
  3. 십자가를 예수와 함께 지다   37
  4. 십자가에서 예수를 내리다   47

제2장 사탄과 화해하다   61
  1. 사탄이 내민 손을 잡다   63
  2. 소유적 삶의 양식을 취하다   69
  3. 인간의 3가지 죄   77

제3장 하나님의 의를 드러내지 못하다   87
  1. 하나님의 의가 드러나다   89
  2. 하나님의 의를 드러내다   96
  3. 정의롭게 살다   118
  4. 영광을 드러내지 못하다   132

제4장 고난을 부정하다   **149**
  1. 고난을 이해하다   151
  2. 예수, 고난을 받다   155
  3. 예수의 고난에 참여하다   159
  4. 예수의 고난을 거부하다   169

제5장 십자가의 예수와 다시 연결되다   **179**
  1. 십자가의 예수와 연결되다   181
  2. 적개심에서 환대로 돌아서다   185
  3. 성령 안에서 살다   192

  • 끝맺음   195
  • 참고서적   199

첫 매듭

표도르 도스토옙스키의 『카라마조프가의 형제들(*The Brothers Karamazov*)』에는 이반과 알료샤 형제 사이에 이루어지는 긴 대화가 나온다. 그 길고도 치열한 대화중에서 무신론자이며 냉소적인 이반이 신실한 동생 알료샤에게 자신이 한때 구상한 서사시인 "대심문관"에 대해서 이야기하는 부분이 있다. 이반의 서사시인 "대심문관"은 천상의 주인공을 지상으로 끌어내리는 게 널리 유행하던 시대인 16세기를 배경으로 한다.

 다시 올 것이라는 예수 그리스도의 약속이 있고 무려 15세기라는 시간이 지났음에도 불구하고 여전히 그 약속에 대한 열망과 기도가 식지 않자, 마침내 그리스도는 잠깐 지상으로 내려오기로 한다. 장소는 스페인의 세비야로 하나님의 영광을 위해 이교도를 처단하는 장작더미가 날마다 타오르던 곳이었다. 바로 이곳에 그리스도는 그저 잠깐 자기 백성들을 돌아보기 위해 내려온 것이다. 그리스도는 처음 이 땅에 왔을 때와 마찬가지로 인간의 모습을 빌려 다시 한 번 사람들 사이에 왔다.

그리스도는 스페인 세비야의 어느 광장으로 내려왔는데, 마침 그곳은 활활 불타오르는 화형장에서 거의 100명에 가까운 이교도들이 수많은 사람이 지켜보는 가운데 대심문관 추기경의 지휘 아래 한꺼번에 화형으로 처형된 이튿날이었다. 그리스도는 눈에 띄지 않게 슬그머니 나타났지만, 이상스럽게도 세상 사람들은 그가 예수인 것을 알아차렸고, 순식간에 그를 겹겹이 에워싸고 뒤를 따랐다. 따르는 무리의 수가 늘어났지만, 그리스도는 자비로운 연민의 미소로 말없이 군중 속을 걸어 다니며, 처음 이 땅에 왔을 때와 마찬가지로 병든 자를 고치고, 눈먼 자를 보게 하였고, 죽은 어린아이를 다시 살렸다. 그런데 이 일들로 인하여 대심문관의 명을 받은 호위병들에 의해 그리스도께서는 잡혀 투옥되셨다. 투옥된 지 하루가 지나고 대심문관이 그리스도를 찾아와 협박조로 묻는다. "무엇 때문에 우리를 방해하러 온 거지?" 이 장면의 아이러니함은 대심문관이 감옥으로 찾아와 진짜 그리스도인지 아닌지에 대한 진위를 확인하는 것이 아니라, 왜 지금 이렇게 온 것인지를 따지는 것이다.

그리스도께서 처음 이 땅에 오셨을 때는 세례 요한의 물음처럼 ("오실 그이가 당신이오니이까", 마 11:3) 백성을 구원할 메시아이자 하나님의 아들인지 혹은 아닌지에 대한 진위가 중요하였지만, 두 번째 오심은 언제, 어느 때인지가 중요한 것이다. 무엇 때문에 방해하러 왔느냐는 대심문관의 물음에는 '왜 지금이냐'는 의미가 포함되어 있고, 이는 그리스도께서 다시 올 때까지 당신의 백성들에게 바라고 또한 요구한 삶의 모습이 아니라는 자각에서 기인하는 것이다. 이후 "대심문관"이라는 서사시에 대한 이야기는 긴 평계로 이어진다. 아니 설득이라는 표현이 옳다. 그리스도의 명령과 다른 자신들의 신앙과 삶의 모습에 대해서 그리스도를 설득한다.

추기경은 그리스도께서 공생애 시작 전 광야에서 받은 세 가지 시험(마 4:1-11, 막 1:12-13, 눅 4:1-13)을 언급하며, 사탄이 제시한 세 가지—물질과 신비 그리고 권세—를 거절한 그리스도를 나무란다. 다시 말하면, 그리스도께서 사탄이 제시한 세 가지를 거절하며 자유를 선택하였듯이, 우리 인간 역시 삶에서 물질과 신비 그리고 권세라는 세 가지에서 자유롭기를 바라는 것은 너무 벅찬 요구로 인간을 지나치게 과대평가하였다는 것이다.

그리스도께서 받은 첫 번째 시험은 떡(물질)이다. 40일 금식으로 인하여 극도로 허기진 예수께 사탄은 돌이 떡이 되게 할 것을 요구한다. 이는 물질에 대한 시험이다. 두 번째는 성전 꼭대기에서 뛰어내려 사람들 앞에서 천사의 도움을 받으라는 요구로, 신비에 대한 시험이다. 그리고 마지막 세 번째 시험은 사탄을 경배하여 세상과 그 영광을 가지라는 요구이다. 이는 권세(힘)에 대한 시험이다. 물론, 예수는 물질과 신비 그리고 권세에 대한 요구를 거절하였다. 그리고 이를 통해서 당신의 백성에게 자유를 주었다. 이것이 자유를 선택한 결정이 되는 것은 물질과 신비 그리고 권세, 이 세 가지는 바로 인간을 유혹하여 삶을 종속시키고 소망을 제한하는 것으로, 소위 '우상'이라고 불리는 것들의 본질이자 근원이기 때문이다. 그리스도는 이 세 가지를 거절함으로써, 인간을 구속하고 노예로 만드는 것에서부터 자유롭게 하는 본을 보인 것이다. 물질을 좇는 탐욕이 아니라 가난한 마음 그리고 영원을 향한 갈망을 보인 것이고, 신비로 인한 환상이 아니라 약속의 말씀이 이루어지기를 기다리는 인내를 보인 것이고, 마지막으로 힘에 의한 노예적인 복종이 아니라 자율적인 기쁨에 의한 겸손한 순종을 보인 것이다. 그리스도께서는 세 가지 시험을 통하여 어떤 것에도 노예가 되지 말고 자유인이 되어야 하는 본을 보였다. 그런데 인간은 그리스도께서 주신 자유로 도리어 죄를 범하게 된다. 교부 아우구스티누스는 자신의 『고백록』에서 죄를 짓는 까닭에 대해서 자유의지를 언급한다.

"죄를 범하는 이유는 나에게 있다. 정욕을 품는 것은 다른 누구도 아닌 나 자신이기 때문이다. 따라서 나 이외의 어딘가에서 자신이 저지를 죄의 원인을 찾는 것은 불합리하다. 죄의 원인은 나의 자유의지라고 보는 것이 가장 타당하다."

아우구스티누스에 의하면 죄의 원인은 타인이나 환경에서가 아니라 인간의 자유의지에 있다. C. S. 루이스 역시 "악을 가능하게 하는 것은 자유의지"라고 말한다. 따라서 그리스도께서 광야에서 받은 사탄의 세 가지 시험을 자율적 선택으로 모두 거절하여 우상적인 것에 종속되지 않는 본을 보였음에도 불구하고 인간은 그의 본을 따르지 아니하고 도리어 자유의지로 그리스도께서 거부한 사탄의 손을 잡은 것이다. 그리스도께서 거절한 물질을 탐하고, 신비를 좇고, 권세(힘)를 숭배한다. 이에 대해서 이반은 자신의 서사시인 "대심문관" 이야기를 통해 안타까움이나 부끄러움보다는 오히려 그리스도를 탓한다.

그리스도께서 인간의 연약함과 인간성의 본질을 간과하였다는 것이다. 그리스도께서 떡(물질)의 시험을 거절한 것은 잘한 일이나, 인간이 진정 배고픈 상황에서 떡(물질)의 유혹을 이겨내고 자유롭기는 결코 쉽지 않다. 더군다나 상대적으로 의지가 약한 인간이라면 두말할 필요도 없다. 따라서 이것은 그리스도께서 실로 의지가 강한 인간만을 염두에 둔 것이고, 의지가 약한 인간은 귀하게 여기지 않음이 되는 것이다. 또한 인간의 본성은 신비, 즉 기적을 부정하지 못한다. 그리스도께서는 기적을 바라지 않고 인내와 신실함으로 살아내기를 바라지만, 인간은 기적을 부정할 때 신까지도 함께 부정하게 된다. 인간에게 기적이 없다는 것은 소망이 없는 것이 되기 때문에 결코 인간은 기적 없이 살 수 없다. 마지막으로 힘이 없는 인간은 불안할 뿐이다. 그리스도께서는 힘에 의한 노예적인 복종이 아니라, 자유의지로 순종하는 신앙을 바라지만 인간은 생각보다 훨씬 연약하고 비열하다. 이반은 자신의 서사시 안에서 대심문관인 추기경의 입을 통해 이러한 이유를 들며 그리스도께서 인간을 너무 높게 평가하였다며 힐난한다. 인간은 하나님이 아닌데 너무 벅찬 것을 기대하여, 인류를 위해 생명을 바친 그리스도께서 도리어 인류의 마음에 무거운 짐을 준 것이 되어 버렸고, 그리스도께서 인간에게 동정을 품지 않은 것이 되어 버렸다는 것이다. 다시 말하면 원래 무력하고 비참한 존재인 인간에게 너무 과한 요구를 한 탓에, 그리스도께서 자유를 위해 고난을 겪고 난 뒤에도 인간의 삶이 변한 게 없고, 차라리 좀 더 연약함을 이해하시어 삶에서 짊어져야 할 부담을 덜어주었다면 인간을 더욱 사랑하는 결과가 되었을 것이라고 말한다. 그래서 인간에 대한 그리스도의 착오라는 자의적인 판단 위에서 자신들이 세상에서 행한 타협을 합리화한다.

　물질은 하나님께서 주시는 은혜인데 경쟁해서 소유하도록 하였고, 가난한 자에게 자유를 가르치기보다는 적당하게 떡을 나눠서 교회의 지배에 만족하게 하였다. 왜냐하면 인간은 자유로운 삶을 원하는 것이 아니라 편안한 삶을 원하기 때문이다. 또한 교회와 신앙을 기적과 신비 그리고 권위 위에 세웠고, 사람들에게 신비와 권위에 맹종하기를 가르쳤다. 사람은 듣고 싶은 말을 듣고자 하고 인내보다는 당장 해결을 원하기에 신비와 권위로 그들이 고통에 둔해지도록 하고, 필요하다면 죄까지도 기꺼이 용서해 주었다. 그리고 삶에서 이루어지는 이러한 진리의 유연한 양보는 인간의 연약함에 대한 겸허한 인정이자 무력한 인간에 대한 나름의 사랑이라고 주장한다. 이해를 돕기 위해 이스라엘의 출애굽 여정에서 르비딤과 므리바에서 물과 관련해서 일어난 두 사건을 비교해 본다.

　르비딤과 므리바에서 일어난 사건 모두 결과적으로는 바위에서 물이 나게 하여 백성들의 갈증을 해결한 사건인데, 르비딤에서와 달리 므리바에서는 하나님의 영광을 드러내지 못하였다는 이유로 하나님의 분노를 사고 결국은 모세가 가나안 땅에 들어가지 못하는 벌을 받게 된다. "대심문관"이라는 서사시를 통해서 이반이 주장하는 내용대로 판단한다면, 므리바 사건은 하나님께서 모세를 지나치게 과대평가하여 일어난 결과로 도리어 하나님께서 스스로 당신의 사랑과 긍휼에 흠집을 낸 착오가 되는 것이다. 하지만 므리바에서의 물 사건을 이러한 시각으로 바라볼 때 생기는 문제는 하나님이 마땅히 경배 받아야 하는 상황에서 하나님을 영광의 자리로부터 옮겨버림이 인간의 연약함이나 비참함이라는 존재의 본질 하에 가려져 심각한 문제로 여겨지지 않게 된다는 것이다. 므리바에서 일어난 물 사건을 통해서 모세가 하나님의 영광을 드러내지 못하였다는 것은, 하나님께서 영광을 받아야 하는 상황에서 모세가 자신의 권위(힘)를 드러냄으로 하나님을 영광의 자리에서 옮겨버렸다는 의미가 된다. 그래서 하나님께서는 이 일을 심각하게 여겼고, 모세는 약속의 땅인 가나안 땅에 들어가는 영광을 누리지 못했다. 하나님께서 영광의 자리에서 경배 받을 때 그의 백성 역시 영광을 경험하는 것이다. 모세가 므리바에서 하나님의 영광을 드러내지 못한 사건으로 그 역시 가나안 땅에 들어가는 영광을 누리지 못한 것처럼, 하나님 없이 그 누구도, 그 무엇으로도 영광을 기대할 수는 없다.

영원하고 불변하시는 하나님을 향한 신앙이 세상에서 유연한 타협과 양보를 보일 때 결국에는 하나님을 영광의 자리에서 옮겨버리는 불의가 된다. 하나님을 영광의 자리에서 옮긴다는 말을 오늘날 재해석한다면, 그리스도를 십자가에서 내린다고 말할 수 있을 것이다. 그리스도를 십자가에서 내리는 이유는 그리스도께서 고난을 통해서 이룬 구원의 은혜를 거부하고자 함이 아니라, 단지 광야에서 사탄의 시험을 받을 때 거부한 세 가지—물질과 신비 그리고 권세—에 대한 미련 때문이다. 그래서 십자가는 거부하지 못하고 십자가에 달린 그리스도만 내려서 물질과 신비 그리고 권세라는 세 가지를 위해 사탄의 손을 잡고자 하는 것이다. 이것이 오늘날 여전히 교회와 그리스도인들의 신앙과 삶에서 버젓이 이루어지는 타협이기에 "대심문관"이라는 서사시를 통한 이반의 비판은 가슴을 후벼 파는 아픔으로 다가온다.

도스토옙스키의 『카라마조프가의 형제들』에서 "대심문관"이라는 이반의 서사시에 대한 이야기는 오늘을 사는 그리스도인들에게 스스로를 돌아보고, 신앙과 삶에서 이루어지는 타협과 왜곡을 바로잡을 동기를 유발한다. 특별히 자본과 자유라는 두 가지 축 위에서 무한경쟁하며 소유적 생활양식을 강화할 것을 강요받는 이 시대에, 십자가 위에 달리신 예수 그리스도의 본을 따라 참그리스도인으로 이 땅에 존재함에 대해서 새롭게 고민하고 다시금 믿음의 전신 갑주를 입고 강함과 담대함으로 좌우 한쪽에 치우치지 않는 자세를 회복할 필요가 있다. 그리스도인이 바라고 따라야 할 신앙과 삶의 본이 되는 예수를 십자가에서 내리고 연약함과 무력함을 핑계로 단순히 그리스도가 십자가를 통해서 이룬 은혜만 누리고자 한다면, 모세가 가나안 땅에 들어가지 못하였듯이 하나님의 영광에 참여하지 못하게 된다. 예수 그리스도가 없는 십자가는 구원이 없는 종교일 따름이다.

심령이 가난한 자를 복이 있다고 하시는 예수를 십자가에서 내리고 돌이 떡이 되기를 바라고, 고난을 참으며 바로 인내가 신비임을 보이신 예수를 십자가에서 내리고 무속적인 긍정의 해답을 성전 꼭대기에서 간구하고, 그리고 하나님과 동등 됨을 버리고 인간의 몸을 입어 가장 낮은 곳에서 연약한 자들과 권위 없는 자처럼 살다가 죄인들과 함께 십자가에 달린 예수를 십자가에서 내리고 세상을 가지고자 하는 힘을 좇으며 삶을 부풀리기에 급급하다면, 설사 그리스도의 말을 할지라도 그리스도가 없는 무신론자의 삶일 뿐이다. 20세기 위대한 신학자 칼 바르트는 평화와 관련하여 이런 글을 썼다.

"평화가 없음은 전쟁 때문이 아니다. 전쟁 역시 평화가 없음의 근본 원인이 못 된다…. 하나님께서 평화이시다. 평화가 없음은 하나님께서 그곳에 계시지 않기 때문이고, 우리가 하나님 없이 평화를 이룩하려 했기 때문이다."

하나님 없이 무언가를 이루려는 모든 노력이 바로 십자가에서 그리스도를 내리는 행동이다. 오늘날 교회가 평안이 없고, 성도의 신앙이 성숙하지 못하고, 삶에 만족과 감사가 없는 이유는 하나님 없이 무언가를 이루고자 하였기 때문이다. 그리스도께서 부여하신 자유를 가지고 도리어 사탄에게 손을 내밀어 물질과 신비 그리고 권세를 좇았기 때문이다.

이 책에서는 십자가에서 예수를 내리고 세상과 타협한 신앙으로 진리를 왜곡하는 그리스도인들의 모습과 그것으로 인한 문제들 그리고 다시 십자가에 달리신 그리스도를 바라볼 것과 그의 본을 따르는 삶의 회복을 논하고자 한다. 바라기는 이 책이 모든 그리스도인에게 한 편으로는 가슴을 후벼 파는 아픔이요, 또 한 편으로는 가야 할 길을 밝히는 등대가 되어, 천로역정의 길을 걷는 데 조금이나마 도움이 되기를 소망한다.

제1장
십자가에서 예수를 내리다

†

"기독교적 실존은 십자가에 달린 그분의 뒤를 따르면서
인간 자신과 사회적 상황을 변화시키고자 하는 실천이다."

- 위르겐 몰트만, 『십자가에 달리신 하나님』 중에서 -

1. 십자가에 달린 예수를 보다

복음은 모든 믿는 자를 구원하는 하나님의 능력이다. 하지만 "내가 복음을 부끄러워하지 아니하노니"(롬 1:16)라는 바울의 고백은 당시 십자가에 달려 죽은 그리스도를 믿는다는 것이 부끄러움이 되었음을 의미한다. 왜냐하면 당시 십자가는 중대한 범죄자를 처형하는 치욕의 상징이었고, 예수 그리스도께서 세상을 구원하는 메시아라는 선포가 그리스도의 죽음에 직접 관여한 유대인에게는 듣기에 거북할 뿐만 아니라 받아들이기에 거리끼는 것이었고, 그리고 헬라인에게는 하나님의 아들이 세상에서 버림받고 십자가에서 죽임을 당했다는 사실이 무척이나 어리석어 보이는 허술한 주장으로 여겨졌기 때문이다(고전 1:22-24). 이에 따라서 십자가에 달린 예수를 믿고 그를 전한다는 것에는 자연스럽게 부끄러움이라는 감정이 요구되거나 혹은 동반되었다. 이러한 부끄러움은 오늘날이라고 해서 달라지지 않는다.

십자가에 달린 그리스도에 대하여 2천 년이라는 긴 시간의 검증에도 불구하고 여전히 복음은 어리석음이라는 세상의 저항에 부딪히고 믿음에는 부끄러움이라는 사탄의 불순물이 끊임없이 스며든다. 십자가 위에서 보이신 예수의 연약함과 하나님의 죽음이라는 미련함으로 인간의 지식을 폐하고 세상의 강함을 이긴다는 것이 매력적으로 보이기란 여전히 어려운 것이 사실이다. 그럼에도 불구하고 '십자가'는 기독교적인 것을 대표하는 상징이고, '십자가에 달린 예수'는 구원을 이루는 행위자로 하나님의 능력이요, 지혜이다.

"십자가에 모든 것을 시험한다"는 루터의 말처럼, 기독교에 있어서 기독교적이라 할 수 있는 모든 것은 십자가 위에서 증명된다. 여기서 주의해야 하는 것은, '십자가 위에서'라는 말은 구원의 행위자, 즉 '십자가에 달린 예수'를 의미한다. 왜냐하면 자칫 십자가에 대한 지나친 상징화는 추상적인 신앙이라는 문제를 야기할 수 있기 때문이다. 추상적인 신앙은 십자가를 우상으로 만든다. 다시 말하면, 구원의 행위자가 간과된 십자가에 대한 지나친 상징화는 십자가를 인간의 욕망을 만족시키는 부적과 같은 수단으로 전락시킨다. 따라서 몰트만은 그리스도인은 십자가에 대한 지나친 상징화로 인한 추상적 신앙이 아니라 십자가에 달린 그리스도에게서 신앙의 기준과 삶의 의미를 발견해야 함을 강조한다.

십자가는 수많은 개념을 내포한다. 불의, 사망, 교만, 불안, 구속, 타락, 죄 등의 개념을 가진다. 십자가에 대한 지나친 상징화는 추상적 신앙이 되어, 십자가가 내포하는 수많은 개념에 대한 다양한 해석이 이루어지고, 각각 자기의 기준이 세워진다. 결과적으로는 수많은 금송아지를 만들어 낸다. 그리고 모든 이단의 모습이 그러하듯이 신앙이 열광주의가 되고 광신을 부추기게 된다. 따라서 단순히 십자가가 아닌 십자가의 행위자인 예수 그리스도에게 집중하여야 한다. 그렇게 하면 구원의 행위자인 그리스도께서 십자가 위에서 불의를 의로, 사망을 생명으로, 교만을 겸손으로, 불안을 평안으로, 두려움을 용기로, 구속을 자유로, 타락을 회심으로, 죄를 용서로, 분열을 연합으로 바꾼다는 진리를 발견하게 된다. 그래서 예수 그리스도가 모든 신앙의 의미와 판단과 그리고 변화의 기준이 된다.

바르트에 의하면, 예수 그리스도에 대한 바른 지식과 신앙이 없으면 세상은 잃어버린 세상이 된다. '잃어버린 세상'이라는 표현이 흥미롭다. 그리스도께서 십자가를 통해서 사탄의 권세로부터 완전히 되찾은 세상을 다시 빼앗길 수는 없지만, 잃어버릴 수는 있다는 것이다. 즉 모든 이를 구원하기를 원하시는 하나님의 사랑에도 불구하고 구원받지 못함이 일어나게 된다는 의미이다. 바르트의 『교회교의학』에 의하면 예수 그리스도에 대한 바른 신앙이 없으면 십자가에서 영원히 폐기된 하나님의 부정이 세상 속에 뚜렷이 그 모습을 드러내게 된다. 즉 "하나님의 원하지 않으심"이 드러나게 된다는 것이다. "하나님은 사랑"(요일 4:16)이라는 관점에서 하나님의 원하지 않으심은 인간이 영원한 저주 가운데 거하는 것이다. 당신의 형상으로 창조하고는 '보기에 좋았다'

라며 기뻐하고, 죄로 인한 타락에도 구원하기를 작정하고 마침내 독생자의 희생을 통해 화해한 인간이 하나님의 변하지 않는 사랑과 포기하지 않는 의지에서 스스로 벗어나 저주 가운데서 유리하는 것이다. 따라서 '모든 것은 그리스도 안에서 이루어진다'고 바르트가 그의 "화해론"에서 선언한 것처럼 인간의 죄를 사하려 죽으시고 다시 부활하신 예수 그리스도를 바라고 그의 본을 따르며 그의 은혜 안에서 거할 때 하나님의 원하지 않음이 아닌, 하나님께서 원하시는 바가 인간의 삶에 모두 이루어지게 된다.

  십자가에 달린 그리스도는 개념이 아니라, 말씀이다. 앉아서 묵상하며 머리로만 아는 개념이 아니라, 삶에서 지키고 따라야 하는 분명한 명령이고, 믿음을 가지고 이루어지기를 기다려야 할 영원한 약속이다. 그래서 모든 신앙과 삶의 의미이자 기준이 된다. 광야에서 이스라엘 백성들에게 내려진 하나님의 불뱀 심판에서 모세가 놋뱀을 만들어 장대에 달아 높이 쳐들고, '물린 자마다 보면 살 것'이라 외친 것처럼, 오늘날 포스트모더니즘(postmodernism) 아래에서 신앙이 혼잡해지고, 진리가 모호해지고, 심지어 하나님이 희미해져서 복음을 외치거나 혹은 말씀대로 사는 것이 손해를 보는 것처럼 느껴져 억울한 감정에 휩싸이기도 한다. 그리스도를 높이기 위해 자신을 부인하며 스스로 낮아지는 걸음에 세상에서 도태되는 것 같은 의심이 틈타기도 한다. 이 가운데 여전히 그리스도인으로 존재하며 살아간다는 것은 어려운 길이다. 따라서 마치 광야에서 수많은 불뱀이 이스라엘 백성들을 해하려 달려듦같이 수많은 유혹과 꾀임이 그리스도인들을 하나님의 원하지 않음의 자리로 몰아넣기 위해 달려들지라도 십자가에 달려 높이 올려진 그리스도를 가리키며 '불의한 자, 천한 자, 연약한 자 할 것 없이 모든 자가 그를 믿고 따르면 살 것'이라는 외침을 듣고 십자가에 달린 그리스도를 바라봐야 한다. 우리에게 길이요, 진리요, 그리고 생명(요 14:6)이 되려 십자가에 달린 그리스도가 바로 희망이다.

2. 십자가에 달린 이유를 묻다

기독교에 있어서 십자가는 곧 구원의 상징이다. 따라서 예수 그리스도께서 십자가에 달린 이유이자, 목적은 구원이다. 그리고 구원을 위해 그리스도께서 십자가에 달림은 하나님의 사랑과 자비에서 기인하고, 사망의 권세로부터의 자유를 선포하고, 그리고 하나님과 화해한 새로운 삶 안에서 의롭게 살기를 요구한다.

죄인에게 베푸는 자비

예수 그리스도께서는 인간의 죄를 대신하는 대속 제물로 십자가에 달렸다. 십자가는 그리스도께서 인간의 죄를 드러내고 대신하여 해결한 장소이다. 그래서 바르트에 의하면 십자가는 인간이 스스로 죄인임을 깨닫는 곳이다. 인간의 자아에 대한 지식은 부정확하고 상대적이어서 스스로 자신의 죄를 충분히 깨닫지 못한다. 때문에 바르트는 오직 그리스도 안에 있는 신자만이 그 자신을 죄인으로 바르게 알 수 있고 반면에 불신자는 자기의 죄를 극복할 수 있다는 확신을 가진다고 말한다. "예수 그리스도의 순종"이라는 거울은 죄된 인간이 올바른 자기 지식을 갖게 하고, 죄에서 해방되게 한다. 따라서 십자가는 인간이 자신을 위해 십자가에 달린 그리스도를 만나 진정으로 자신이 죄인임을 깨닫는 곳이다. 바르트의 '십자가 신학'에 영향을 받은 몰트만 역시 "인간의 죄를 해결하기 위해 세상에 오시고, 십자가에서 죽으시고 부활하신 예수 그리스도 안에서 인간은 죄의 참 형태를 깨닫고, 죄에서 벗어날 수 있고, 죄의 결과의 참혹함과 비참함에서 해방되어 하나님의 은총의 세계에서 살게 되는 길을 발견하게 된다"고 말한다. 인간은 십자가에 달린 그리스도를 만나서야 자신이 죄인임을 깨닫게 되고, 그때야 구원의 은혜에 진정으로 감격하며 새로운 삶을 살게 된다.

  십자가 위에서 베푼 그리스도의 구원에 인간이 감격할 수밖에 없는 것은 구원의 은혜가 가지는 무조건성 때문이다. 인간이 십자가에서 죄인임을 깨닫는다는 것은 자신이 자격 없는 자임을 자각하는 것이다. 독생자가 대신하여 고난 받고 죽임을 당함에도 인간의 구원을 기뻐하시는 하나님의 사랑과 새로운 생명 안에서 풍성하게 하는 하나님의 일체의 호의에 자격이 없음을 자각하지만, 그럼에도 불구하고 거저 베푸는 하나님의 자비에 감격하게 된다(엡 1:5-7). 하나님께서 자격을 기준으로 두었다면 죄인이 저주받는 것은 정당한 것으로, 그리스도께서 대신하여 십자가에서 죽을 일은 없다. 하지만 하나님은 자격을 기준으로 인간과 관계하는 것이 아니라, 악인이 죽는 것마저도 기뻐하지 않는(겔 33:11) 사랑으로 대하기에 십자가 위에서 예수 그리스도를 통해 무조건적인 자비를 베푸신 것이다. 또한 하나님의 사랑은 자기의 유익을 구하지 않는 사랑이다(고전 13:5). 때문에 하나님의 은혜는 조건을 내세우지 않는다. 하나님께서 당신의 유익을 생각하였다면 하나님의 은혜는 인간에게는 다시 갚아야 할 채무가 되는 것이다. 이렇게 되면 은혜가 많으면 많을수록 부담이 늘 뿐이다. 하나님의 은혜의 법은 자격 없는 모든 인간에게 베푸는 조건 없는 자비이다. 몰트만에 의하면, 십자가에 달린 그리스도를 통해 드러난 하나님의 의는 "의로운 자들에게는 영원한 성령의 상을 주고 의롭지 못한 자들에게는 영원한 저주의 벌을 주는 것을 의미하는 것이 아니라, 의롭지 못한 자들과 스스로 의롭다고 하는 자들을 위한 은혜의 법을 의미한다."

버림받음에서 싹튼 자유

그리스도께서는 하나님께 버림받은 모든 인간을 죄와 사망에서 자유롭게 하려고 스스로 십자가에서 하나님께 버림을 받았다. 따라서 "어찌하여 나를 버리시나이까"라며 십자가에 달려 하나님을 향해 울부짖는 그리스도의 외침은 구원받은 인간의 입장에서는 죄의 종노릇에서 벗어나는 자유의 선포이고, 은혜 아래 거하게 하는 하나님의 사랑의 확증이 된다. 바르트는 그의 "화해론"에서 죄와 그리스도의 십자가 그리고 자유에 대하여 다음과 같이 설명한다. '죄는 자유를 배제하고, 자유는 죄를 배제해 버린다. 자유는 그리스도 안에 있는 새사람만이 누릴 수 있다.'

예수 그리스도는 당시 신성모독과 선동자라는 죄명으로 죽어야 했다. 신성모독이라는 죄명은 율법에 의해 버림받았음을 의미하고 선동자라는 죄명은 정치적으로 버림받았음을 의미한다. 또한 사람들에게 조롱당하며 두 명의 죄인과 함께 처참하게 죽임을 당했다. 예수는 철저하게 사람들에게 외면당하고 세상에서 부정당했고, 마침내는 하나님께 버림을 받았다. "네가 만일 하나님의 아들이어든 자기를 구원하고 십자가에서 내려오라"(마 27:40)는 무리의 비아냥에도 무기력하게 십자가에서 피를 흘리며 죽었다. 인간에게 죽임당한 하나님이라는 손가락질을 받으며 모욕 가운데서 철저하게 버림을 받았다. 하지만 그리스도께서 십자가에서 하나님께 버림당함으로써 죄로 인해 하나님께 버림받은 인간은 죄에서 벗어나 하나님과 화해하였고, 새 생명 안에서 자유를 누리게 되었다. 따라서 그리스도로 인해 자유롭게 된 인간은 그 자유를 가지고 또다시 자신의 욕망을 위하여 종의 멍에를 메지 말고(갈 5:1) 십자가에서 스스로 버림받은 그리스도를 위해 살아야 한다(고후 5:15). 이것이 자유를 가진 그리스도인이 삶에서 행하는 투쟁이다.

인간이 그리스도께서 십자가에서 버림받음으로 모든 버림받은 인간에게 주신 자유를 가지고 또다시 스스로 죄 아래 들어가 종 노릇 한다면 그리스도의 죽으심을 헛되게 만드는 것이다. 인간은 자유를 가지고 스스로 십자가에서 버림받은 그리스도를 위하여 살아야 한다. 그리고 그리스도를 위하여 산다는 것은 그리스도를 통하여 십자가에서 드러난 하나님의 의를 위하여 사는 것이다. 즉 모든 버림받은 인간을 하나님과 화해하게 하는 제사장의 직분으로 사는 것이다. 인간은 자신의 자유로 세상에서 고난당하고 고통 받고, 그리고 억압당하는 피조물의 모든 외침을 자신의 것으로 삼아 그들을 새 생명 안에서 자유롭게 하고 하나님과 화해토록 하는 십자가에 달린 그리스도의 본을 따라야 한다.

하나님과의 화해와 의로운 삶

(1) 구원을 바라보는 두 가지 시각

십자가를 통한 구원, 즉 그리스도께서 십자가에 달려 죽음으로 인간이 구원받았다(being saved)는 사실에 대해서 Jeffrey P. Greenman과 George Kalantzis의 『Life in the Spirit: Spiritual Formation in Theological Perspective』에서는 두 가지 시각—다시 태어남(Regeneration)과 정당성(혹은 칭의, Justification)—으로 바라보며 그리스도인의 영적인 삶과 관련하여 설명한다.

먼저, '다시 태어남'의 시각(Salvation as Regeneration)이다. 이는 죽고 새 생명으로 다시 태어나는 것인데 문자 그대로의 의미가 아니라 영적인 의미로, 그리스도와 함께 죄에서 죽고 그의 부활과 함께 다시 새로운 삶을 사는 것을 의미한다(골 1:13, 3:3, 엡 2:4-6). 즉 그리스도께서 모든 죄를 대속하는 화목제물로써 십자가에서 죽으시고 다시 부활하심으로 죄를 없이하시고 사망의 권세를 이기셨다. 그리고 인간 역시 그리스도와 함께 죄에서 죽고 새 생명을 얻어 새사람이 되는 은혜를 입었다. 이것이 '다시 태어남'의 의미로 바라보는 구원이다. 시각(view)은 삶(life)에 영향을 준다. 십자가를 통해 이룬 구원을 '다시 태어남'의 시각으로 바라본다면, 구원받은 그리스도인의 삶은 "새 생명 가운데서 행한다"(롬 6:4)는 의미가 된다. 즉 그리스도인의 영적인 삶은 새 생명 가운데서 행하는 것으로, "죄에 종노릇 하지 아니"(롬 6:6)하고, "의의 종"(롬 6:18)이 되어 사는 것이다. 그리고 "의의 종"이 되어 산다는 말은 의롭게 사는 것을 의미한다.

구원을 바라보는 두 번째 시각은 하나님과의 관계에서의 '정당성(Salvation as Justification)'이다.—흔히 '칭의'로 설명하지만, '속죄'와 '의롭게 여김'을 구분하여 이해하고, '정의로운 삶'과 연결하여 '구원받음'을 강조하고 하나님과의 관계 안에서 '구원'을 이해하기 위해 '정당성'으로 표현 한다—'정당성(Justification)'에는 두 가지가 요구된다. 바로 죄의 용서(Forgiveness)와 의로움(Righteousness)이다(롬 3:25-26).[1] 하나님은 죄나 불의와 함께할 수 없기에 죄된 인간이 하나님께 나아갈 수는 없다. 그러나 예수 그리

---

1 바르트는 그의 『교회교의학』의 "화해론"편에서 예수 그리스도의 십자가 사역을 '심판', '죄의 용서' 그리고 '칭의'라는 세 가지로 설명한다. 그러나 그리스도께서 스스로 심판받으심으로 인간을 속죄하셨기에 '심판'과 '죄의 용서'를 하나로 묶어 이해한다.

스도의 십자가 죽음으로 인해서 인간이 하나님께 나아갈 수 있는 '정당성'을 획득한 것이다. 이를 히브리서 기자는 "성소에 들어갈 담력"(히 10:19)이라고 표현한다. 십자가에서 흘린 그리스도의 피로 말미암아 하나님 앞에 나아갈 수 있게 되었다는 의미이다. 그리스도께서 인간을 위한 속죄 제물로 십자가에서 죽음으로써 인간의 속죄(Forgiveness)를 이루었고, 또한 아브라함의 믿음의 고백을 하나님께서 의로 여겼듯이 그리스도를 믿는 믿음 안에서 그의 의가 전가되어 의롭게 여김을 받아 인간이 하나님과 화해하게 되는 것이다. 물론 의로움(Righteousness)에 있어서는 '믿음 안에서'라는 조건이 요구된다. 왜냐하면 '의로움'은 어디까지나 완성이 아니라 '여김을 받는 것'으로 불완전하기 때문이다. 믿음 안에서 예수 그리스도로 인해 의롭다고 여김을 받는 것("credited as righteousness", 롬 4:5. NIV)이지 의롭게 되는 것(became righteous)이 아니다. 즉 그리스도로 말미암아 완전한 의인이 되는 것이 아니라 그리스도 안에서 완전함에 거하는 것이다(골 1:28). 따라서 그리스도인의 삶에는 그리스도 안에 머물면서 바른 믿음의 여정에 임하는 수고가 요구된다. 즉 의롭게 여김을 받은 자로 의로운 삶을 살아, 하나님과의 관계가 회복된 의인으로서의 정당성을 유지하도록 그리스도 안에서 말씀과 기도로 늘 깨어있어야 한다.

(2) 칭의는 곧 다시 태어남이다

예수 그리스도께서 십자가에 달린 의미를 그리스도인의 영적인 삶과 연결해서 두 가지 시각—다시 태어남(Regeneration)과 정당성(칭의, Justification)—으로 바라보고, 각각의 시각이 그리스도인의 삶에 어떠한 의미가 되는지 살펴보았다. 그런데 바울은 구원에 대한 두 가지 시각을 하나의 의미로 설명한다.

바울은 믿음으로 의롭게 되는 '칭의'를 성령으로 인한 '다시 태어남'(롬 8:14)이라고 설명한다. 즉 예수 그리스도를 믿는 믿음으로 의롭게 되었다는 것은 하나님의 사랑이 성령을 통해 우리 마음속에 부어졌다는 의미이다(롬 5:5). 그래서 몰트만은 『생명의 영』에서 '칭의'와 '다시 태어남'은 다른 면을 갖고 있지만 같은 의미로서 이해한다. 따라서 '칭의는 곧 다시 태어남이 된다'고 설명한다. 죄로 인해 버림받은 인간이 십자가에 달린 예수 그리스도를 통하여 하나님과 화해하게 되고 하나님의 나라를 상속받는 하나님의 자녀로 다시 태어나는 은혜를 입는다. 이 십자가 사건에서 그리스도의 활동과 성령의 활동이 서로 침투한다. 즉 성부 하나님은 "성령을 통하여 그리스도에게서 활동하며, 그리스도를 통하여 성령에게서 활동한다." 몰트만에 의하면, 하나님께서 십자가를 통해서 죄로 인해 버림받은 인간과 화해한 사건을 그리스도의 활동으로 묘사하면 '칭의'가 되고, 성령의 활동으로 묘사하면

'다시 태어남'이 된다.

성령은 '예수의 십자가 은혜를 현재화'시키고 임마누엘의 약속을 가능하게 한다. 즉 예수 그리스도는 성령을 통해 함께 거하며 활동한다. 따라서 예수 그리스도 안에서 믿음에 의한 칭의는 결국 성령으로 인한 다시 태어남이 된다. 칭의와 다시 태어남은 결국 같은 의미가 된다.

(3) 의로운 삶

십자가는 항상 그리스도인의 영적인 삶과 관련해서 보아야 한다. 왜냐하면 예수께서 십자가에 달려 죽음으로 모든 것이 끝나지 않았기 때문이다. 그리스도는 부활하였다. 그리고 임마누엘의 은혜를 약속하였다. 따라서 그리스도인의 영적인 삶의 중요성은 예수 그리스도의 모든 활동은 십자가에서 끝이 난 것이 아니라, 부활하였고 모든 믿는 자의 삶에 함께한다는 사실에 있다.

결론적으로 구원을 다른 시각으로 바라보았다고 해서, 그리스도인의 삶에 다른 의미가 되어 다른 모습을 요구하는 것이 아니라, 동일하게 '의로운 삶'을 요구한다. 다시 말하면, '다시 태어남'의 의미로 구원을 바라보면 구원받은 그리스도인은 새 생명 안에서 행하는 의의 종으로서 의롭게 살아야 한다. 그리고 '정당성'의 시각으로 구원을 바라볼 때 역시 그리스도 안에서 믿음으로 의롭게 여김을 받은 자로 의롭게 살아야 한다. 따라서 십자가에 달린 예수 그리스도는 믿는 모든 그리스도인을 의로운 삶으로 이끈다.

3. 십자가를 예수와 함께 지다

예수 그리스도는 세상에서 무거운 짐을 진 채 수고의 걸음을 걷는 모든 인간에게 쉼을 약속하며 초청한다(마 11:28). 그리고 당신의 품으로 온 인간에게 십자가를 지고 따를 것을 요구한다. 인간의 짐을 내려놓고 그리스도께서 고통당하고 죽임당한 자신의 십자가를 다시 지게 할 것은 무엇인가. 세상에서 인간이 짊어질 수밖에 없는 짐과 그리스도께서 지라고 요구하는 십자가는 무엇이 다른가. 십자가가 가지는 고난과 죽음이라는 의미를 알고 있는데, 굳이 인간의 짐을 내려놓고 십자가를 져야 하는 이유가 무엇인가.

그리스도께서 십자가에서 당한 고난과 버림받음을 생각할 때 십자가의 무게가 가벼울 것이라 상상하기는 어렵다. 이러한 혼란에 대해서 몰트만은 『십자가에 달리신 하나님』에서 다음과 같이 설명한다.

"실로 고난은 하나님으로부터의 소외로 존속한다. 그러나 예수 그리스도의 고난과 결합된 가운데서 고난은 예수 그리스도의 고난을 통하여 이미 극복되었으며, 하나님과의 결합이 바로 이 고난 속에 선사되었다. 그러므로 예수 그리스도의 뒤를 따름은 하나의 기쁨이다."

그리스도께서 수고하고 지친 삶의 인간에게 짐을 내려놓고 쉬라고 초청한 후에 다시 당신이 진 고난의 십자가를 지라고 요구하는 이유는 인간의 짐은 해결되지 않고 지속되는 고난이지만, 예수께서 지신 십자가는 그의 고난을 통해 해결되고 극복된 고난이기 때문이다. 십자가는 고난이고 버림받음이다. 이것은 풀어야 할 오해가 아니라 사실이다. 하지만 예수께서 짊어진 십자가는 그의 부활을 통해서 극복된 고난이고 하나님과의 결합을 통해 해결된 버림받음을 의미한다. 십자가를 지라는 그리스도의 요구는 당신이 당한 고난과 소외를 인간 역시 경험하도록 하는 졸렬함이 아니라, 당신이 해결하고 극복한 십자가를 지게 하여 진정한 쉼을 주고자 하는 그리스도의 사랑이고, 부활한 그리스도의 임마누엘 은혜의 약속에 대한 이행이다. 그렇기에 예수의 십자가를 지는 것은 기쁨이 된다. 그리고 몰트만은 "하나님의 버림을 받음으로써 십자가에 달린 그분은 하나님의 버림받은 사람에게 하나님을 가져다준다"고 정리한다.

십자가를 지고 예수를 따르는 삶은 고통과 고난을 감내하며 스스로 하나님께 나아가는 여정이 아니라, 예수 그리스도께서 고난과 고통을 감내하고 극복한 십자가에서 하나님을 만나고 함께 평안을 누리는 동행이다.

그리스도와의 동일성

성경은 하나님과 인간 사이의 동질성에서 시작해서 동일성을 요구하고, 동질성으로 끝난다. 다시 말하면, 성경은 창조 이야기로 시작하는데, 창조 이야기의 핵심은 하나님께서 인간을 당신의 형상으로 창조한 것이다. 인간이 하나님의 형상으로 창조되었기에 하나님의 속성은 곧 인간의 정체성이 된다. 이것이 하나님과 인간 사이의 동질성이다. 그리고 계속해서 하나님을 따르고 닮기를 요구한다. 이것은 동일성에 대한 요구이다. 거룩하신 하나님을 따라 거룩하라 요구하고(레 11:45, 벧전 1:16), 세상의 패턴에 따르지 말고 하나님의 뜻을 분별하여 따르기를 요구하고(롬 12:2), 포도나무와 가지의 비유를 통해 그리스도 안에 거하라고 말하고(요 15:7), 그리스도께서 우리 안에 사신다고 하고(갈 2:20), 그리고 그리스도를 본받는 자가 되라고(고전 11:1) 한다. 이 모두 그리스도와의 동일성에 대한 요구이다. 마지막으로는 영생을 얻어 하나님과 영원히 거할 것이라는 완전한 동질성에 대한 약속으로 끝난다.

이처럼 성경은 동질성에 대한 이야기와 동일성에 대한 요구로 정리할 수 있다. 그리고 십자가에 달린 예수 그리스도께서 우리로 하여금 당신의 십자가를 지라고 요구하시는 것은 동일성에 대한 요구이다. 즉 인간이 자신의 짐을 내려놓고 예수의 십자가를 진다는 것은 자기를 부인(denial)하고 예수와 동일성을 취한다는 의미이다. 십자가 위에서 모든 죄인—하나님 없는 사람들 혹은 하나님의 버림을 받은 사람들—은 예수 그리스도와 동일성—죄가 속함을 받고, 그리스도의 의가 전가되어 의롭게 여김을 받는다—을 취하고 하나님과 화해하게 되었다. 그리고 예수 그리스도와 동일성을 취한 자들이 서로 모여 하나가 되고, 나뉜 생각들이 통합된다.

예수 그리스도의 십자가를 진다는 것은 십자가를 지기 전 자신의 짐을 내려놓는 것이고, 십자가를 지기 위해 자신의 짐을 내려놓는다는 것은 자신을 부인하는 것이 된다(눅 9:23). 그리고 자신을 부인하고 그리스도의 십자가를 지는 것은 연약한 자신의 삶을 사는 것이 아니라, 그리스도의 삶을 사는 것이다. 그리스도와의 동일성이 삶의 차원으로 확장된다. 따라서 그리스도의 십자가를 진다는 것, 즉 그리스도와 동일성을 취한다는 것은 낮은 곳에서 천하고 소외된 자들의 친구와 형제가 되는 것이고(눅 7:34) 가난한 자들의 어려움, 고통당하는 자들의 아픔, 억압당하는 자들의 억울함 그리고 연약한 자들의 비참함에 열린 마음으로 관계하는 것이다.

하나님 인식, 동일성 그리고 관계성

(1) 하나님 인식

인식론의 차원에서 가장 기본적인 두 가지 원리는 유비적인 원리와 변증법적 원리이다. 유비적인 인식 원리는 "동일한 것은 오직 동일한 것에 의해서 인식된다"는 플라톤의 기본명제에 따른다. 이와 상응하여 아리스토텔레스는 그의 『니코마코스 윤리학』에서 "즐겨 서로 동일하게 위치하라"는 말로 서로 동일하거나 비슷한 사람들이 공통점에 기반하여 서로 이해하고 보충해 준다고 설명한다. 두 번째 원리는 변증법적 원리로 "반대되는 것은 반대되는 것에 의해 치료된다"는 의학에서 유래된 명제에 따른 것이다. 사랑이 미움에서 나타나고, 질서는 혼란에서, 은혜는 죄에서 나타나는 것처럼 하나의 본질은 그와 반대되는 본질에 나타난다는 설명이다. 그리고 이 두 가지 원리는 하나로 존재하기보다 상호보완적으로 존재한다.

20세기 이후 훌륭한 신학자가 많지만, 그 가운데서 칼 바르트와 위르겐 몰트만을 예로 설명한다. 인간이 예수 그리스도를 인식하고 그와 동일성을 취하는 원리에 있어서 이 둘의 주장은 약간의 차이가 있다. 바르트는 초기 그의 신학(로마서 강해 II판)에서 인간은 결코 하나님을 인식할 수 없다고 보았다. 신성과 인간성은 완전히 다른 성질의 것이기에 인간이 하나님을 인식하기는 불가능하다고 보았다. 하나님의 심판이라는 부정적인 것 이외에는 인간과 하나님은 전혀 다르기 때문에 인간은 하나님을 인식할 수 없다고 주장하였다. 바르트는 "동일한 것은 오직 동일한 것에 의해 인식된다"는 유비적 인식 원리라는 시각으로 바라본 것이다. 물론 바르트의 후기 신학에서는 그의 이러한 시각은 변화된다. 인간의 하나님 인식에 있어서 긍정적인 진보를 이룬다. 반면에 몰트만은 두 가지 인식 원리—유비적 인식 원리와 변증법적 인식 원리—를 가지고 상호보완하며 하나님 인식과 동일성에 대해서 분명하게 설명한다. 몰트만에 따르면, 유비적 인식 원리와 변증법적 인식 원리는 십자가에서 서로를 대체하는 것이 아니라 보완한다.

(2) 동일성

예수 그리스도의 오심과 그의 죽으심 그리고 십자가로의 초대는 변증법적 인식 원리에 따른다. 선하신 예수님께서 타락한 세상에 들어온 것이고, 죄가 없으신 분이 모든 죄인을 대신한 것이고, 불의한 세상에 십자가를 통해 하나님의 의를 드러낸 것이고, 그리고 모든 불의한 자들을 십자가의 은혜 안으로 초대한 것이다. 그리고 변증법적 법칙 다음으로 유비적인 법칙의 보완이 이어진다. 만약 십자가의 은혜가 서로 비슷한 것을 취하는 유비적인 인식 원리를 먼저 취한다면 십자가는 죄 없는 자들과 경건하고 의로운 자들을 위한 것이지 의롭지 못하고 죄 있는 사람들에게 십자가의 은혜가 인식될 수는 없다.

불의한 세상에서 하나님의 의가 드러났다. 그 십자가의 의는 모든 의롭지 못한 죄인들에 의해 인식된다. 그리고 십자가에 달린 그리스도로 말미암아 죄가 사하여지고 의롭게 여김을 받는 것이다. 의롭게 된다는 것은 곧 하나님과 동일성을 취한다는 것이다. 변증법적 원칙―"반대되는 것을 인식한다"―과 유비의 원칙―"동일한 것은 오직 동일한 것에 의해 인식된다"―은 서로 대체하여 홀로 존재하는 것이 아니라, 상호보완하며 존재한다. 십자가의 의는 하나님 없는 자들과 하나님의 버림을 받은 죄인들에 의해 인식된다. 그리고 십자가에 달린 그리스도와 동일성―의롭게 여김을 받음―을 취한다. 또한 십자가에서 동일성을 취한 자들이 모여 신앙 공동체를 이루는 것이다.

(3) 관계성

동일성은 곧 관계성으로 이어진다. 십자가에서 드러난 하나님의 의를 인식한 하나님 없는 자들이 십자가에 달린 그리스도로 말미암아 동일성을 취하고 그리스도의 십자가를 지는 삶을 통해 관계성을 갖는다. 즉 그리스도께서 십자가에서 행하시고 이루신 것과 같이 세상에서 살아가는 것이다. 새로운 생명은 새로운 삶을 사는 것이다. 의롭게 여김을 받은 삶은 의롭게 사는 것이고, 그리스도와 동일성을 취한 삶은 그리스도의 삶을 사는 것이고 그리고 십자가를 지는 삶은 십자가의 의를 불의한 세상에 드러내는 삶을 사는 것이다. 이러한 삶을 통해 하나님 없는 자들이 그리스도를 인식하게 하고 또한 그들이 그리스도와 동일성을 취하게 한다. 이것이 그리스도와 동일성을 취한 자들이 세상에서 가지는 관계성이다.

십자가에 달린 그리스도를 머리라고 고백하는 공동체(교회) 역시 마찬가지이다. 교회는 그리스도께서 머리가 되는 몸 된 공동체로, 하나님의 의를 인식하고 그리스도와 동일성을 취한 자들이 모인 곳이다. 그래서 교회에서는 십자가에서 이루어지는 인식과 동일성의 원리가 행해져야 한다. 교회는 연약한 자, 가난한 자, 불의한 자 할 것 없이 모든 하나님 없는 자와 하나님께 버림받은 자에게 열려있어야 한다. 그리고 그들이 하나님의 의를 인식하고 십자가에 달린 그리스도로 말미암아 의롭게 되어 동일성을 취하도록 하고, 그리고 십자가를 지는 삶, 즉 의로운 삶을 살도록 하여야 한다. 따라서 교회를 출입하는 문은 '환대(hospitality)'라는 이름의 문이어야 한다. 거부감이나 적개심이나 차별이나 경멸이 아니라, 모든 경건하지 못한 자와 버림받은 자와 하나님 없는 자를 십자가로 초대하는 그리스도의 마음으로 맞이해야 한다. 그래서 모두가 그리스도를 만나 그를 닮아가는 십자가가 되어야 한다.

동일성의 위기

그리스도와의 동일성은 이질적인 것으로부터의 저항이 동반된다. 의는 불의로부터 핍박받는다. 그래서 예수께서 제자들에게 "세상이 너희를 미워하면 너희보다 먼저 나를 미워하는 줄을 알라"(요 15:18)고 말한 것이다. 그리스도는 세상에서 미움받았다. 당연히 그리스도와 동일성을 취한 자들 역시 미움받는다. 때문에 예수 그리스도의 십자가를 지고 그와 동일한 모습으로 살아가며 관계한다는 것은 어려운 일이다. 세상은 그리스도와의 동일성을 가진 자들에게 이질성을 느낀다. 자기와 다른 것은 인정하기보다는 소외시키는 것이 본능이다. 때문에 그리스도인은 세상에서 소외된다. 그리고 소외를 견디는 능력의 결여, 즉 소외를 견디지 못하면 그리스도와의 동일성을 버리고 세상과 동일화되고 그리스도와 분리된다. 이것이 오늘날 모든 그리스도인이 세상에서 당면한 위기이다. 이러한 위기는 그리스도인들이 세상에서 타협하게 하고, 진리를 왜곡하게 하여, 결국 다른 복음을 좇으며(갈 1:7), 예수 그리스도에게서 멀어지게 한다. 이것이 그리스도인이 당면한 영적 전쟁이다.

복음이 전파되던 초기에는 직접적인 물리적 위협이 있었다. 십자가를 지는 삶을 산다는 것은 핍박과 심지어 죽음까지도 각오해야 하는 일이었다. 이러한 물리적 위협이 그리스도와의 동일성을 포기하게 하였다. 중세 시대 복음에는 '안전함'이라는 위기를 맞았다. 교회가 힘이 있었고 많은 돈을 가졌다. 그래서 십자가를 지는 삶에 태만하였고, 결국은 타락하여 스스로 불의한 모습으로 되돌아갔다. 그리고 오늘날에는 문화의 위협이 존재한다. 신앙 역시 문화의 울타리에 포함되어 있어 쉽게 타협이 이루어지고, 말씀의 암묵적인 곡해(曲解)와 복음의 유연한 변화가 요구된다(갈 1:7). 특히 '절대'라는 개념이 훼손되고 거부되는 시대로, 과학으로 증명되거나 이성으로 이해되지 않는 진리는 불가지론(不可知論, agnosticism)에 의해 침묵을 강요받거나 심리학적 망상이나 미신으로 취급되기도 한다. 또한 법률적 차원으로 처벌할 수 없는 이단이나 무속과 같은 거짓 종교에 대한 비판은 도리어 자유에 대한 침해라는 저항에 부딪히고 편협과 독선이라는 손가락질을 받기도 한다. 이렇듯 신앙에 있어 위기가 없는 시대는 없다. 신앙은 항상 위기 가운데 존재한다. 따라서 위기는 없애는 것이 아니라 극복하는 것이다. 그리스도의 십자가를 지고 그분의 뒤를 따르는 걸음을 포기하지 않고 상황에 따라 모습을 달리하는 도전을 극복하며 하나님 나라를 확장시켜 나가야 한다. "의를 위하여 박해를 받은 자는 복이 있나니 천국이 그들의 것임이라"(마 5:10)는 약속의 말씀 안에서 그리스도의 십자가를 지는 삶으로 인한 모든 도전을 인내하고 위기를 극복하며 믿음의 여정을 계속해 나가야 한다.

4. 십자가에서 예수를 내리다

혼자 존재하는 삶은 없다. 인간은 서로 영향을 주고받으며 더불어 산다. 때문에 실존은 원하든 원하지 않든 타협의 도전에 늘 직면한다. 적절한 타협은 평화나 진보와 같은 더 나은 결과를 끌어내기도 하기에 지혜로 여겨지기도 한다. 하지만 신앙의 차원에서는 지혜라기보다는 저주가 된다. 왜냐하면 타협은 하나님을 위해서 행해지는 것이 아니라, 인간의 입장에서 서서, 인간의 이익과 편의를 위해 행해지기 때문이다. 그래서 삶에서 맞닥뜨리는 도전이나 위협에서 순응(順應)은 항상 말씀에 대한 왜곡이나 본질을 가리는 방향으로 이어진다. 이는 그리스도께서 십자가에서 이룬 은혜를 헛되게 하는 결과가 된다. 왜냐하면 하나님의 은혜가 일방적이고 무조건적이기는 하나, 인간의 입장에서 자기의 의지로 거부할 수 있기 때문이다. 세상과의 타협과 불의에 대한 순응은 자유의지로 하나님을 거부하는 것이다. 스스로 십자가에서 내리는 것이고, 십자가에서 이룬 은혜를 헛되게 하는 것이다. 바울은 "이 세대를 본받지 말라"(롬 12:2)고 가르친다. 이는 세상의 방식("the pattern of this world", Rom. 12:2 NIV)에 순응하지 말라는 말이다. 세상의 방식에 타협하여 복음을 왜곡하고 진리를 곡해(曲解)해서는 안 된다.

타협과 왜곡

예수 그리스도는 세상에서 환난을 당했다. 즉 세상이 예수를 받아들이지 못하였다. 그리고 예수 그리스도와 동일한 삶을 사는 자들 역시 받아들이지 못하기에 그리스도인은 환난을 당한다(요 16:33). 이러한 사실은 그리스도인이 세상과의 타협없이 복음의 빛을 비추고 진리의 걸음을 걸으며 살아가는 것을 어렵게 만든다.

고대 이스라엘 백성들은 주변 이방인들에게 무신론자로 오해를 받아야 했다. 왜냐하면 모든 "신"이라 일컬어지는 존재는 특정한 형상을 가지고 있는데, 하나님은 율법을 통해 어떠한 형상도 금지하였기 때문이다(출20:4). 그래서 광야에서 모세의 부재중에 아론이 백성들의 불안과 요구로 인해서 금송아지를 만들었을 때 하나님의 큰 진노가 있었다. 이스라엘 백성들은 하나님을 위한 어떠한 형상도 두지 못하였음은 물론이거니와 하나님의 이름도 감히 부르지 못하였다. 이러한 이유로 이방인들에게 무신론자라는 오해를 받고 무시와 핍박을 받았다. 그래서 많은 타협에 대한 도전과 수정에 대한 요구가 있었다. 대표적인 예가 왕을 세운 것이다. 이방 국가들의 신은 곧 왕과 연결되어 있었다. 따라서 왕은 곧 신적 존재로 여겨졌다. 하지만 이스라엘의 왕은 하나님이기에 인간을 왕으로 세워지는 것은 이스라엘 백성들이 광야에서 금송아지를 만들어 두었던 것처럼 하나님의 자리에 인간을 두어 숭배하게 하는 것과 같았다. 하지만 당시의 국제적 정세와 국내적 상황에 따라 타협을 요구하였고, 결국은 왕을 세웠다. 많은 왕 관련 규정을 두었고 선지자들을 통해 수없이 경고하였지만, 하나님께서 원하지 않는 타협과 하나님과의 계약에 역행하는 왜곡이 왕들에 의해서 이루어졌고, 이스라엘의 신앙에 많은 문제와 위기를 초래하였다.

초기 기독교 시대에는 예수 그리스도의 죽음에서 알 수 있듯이 직접적인 목숨의 위협으로 이어지는 물리적인 위기가 존재하였다. 그리스도는 신성모독과 선동자라는 죄명으로 죽임을 당했다. 즉 종교적 위협과 정치적인 억압이 있었다. 때문에 예수 그리스도를 믿고 따르는 여정에는 유대교를 중심으로 하는 위협과 이방 종교의 도전이 끊이지 않았고, 그리고 국가의 질서를 어지럽히고 자기들만의 나라를 세우려고 한다는 오해를 받아 위험 세력으로 낙인찍혀 정치적 핍박을 받았고, 정치적 이해관계에서 이용되어 많은 희생이 발생되었다. 그리고 소위 '신학'이라는 것이 세워지기 시작하는 과도기였기에, 복음이 전파되고 말씀을 전하는 과정에서 말씀이 왜곡된 다른 복음이 전파되었다. 많은 이단이 생겨났고 믿음에 관하여 파선하는 자들이(딤전 1:19) 늘어났다.

중세 시대는 다방면에서 이루어진 영적 후퇴와 타락으로 인해 '신앙의 암흑기'로 불리운다. 콘스탄티누스의 밀라노 칙령(313년)으로 기독교가 국가 종교로 공인됨에 따라 억압받는 피지배층의 종교에서 억압하는 지배층의 종교로 바뀌었다. 즉 교회가 힘과 돈을 갖게 된 것이다. 결국은 '힘과 돈'에 하나님의 형상을 입히고, 힘을 유지하고 돈을 소유하기 위해 하나님의 이름으로 온갖 신비를 만들어 내었다. 마녀사냥으로 무고한 희생을 만들었고, 돈을 위해서 면죄부를 팔았고, 힘을 지키기 위해서 십자군을 일으켜 수많은 전쟁으로 하나님의 창조물을 훼손하였다. 예수 그리스도는 스스로 낮아짐으로 인간을 높였고, 가난해짐으로 부요하게 하였고, 저주받으므로 자유롭게 하였고, 버림받으므로 버림받은 인간을 하나님과 화해하게 하였는데 오히려 십자가를 지고 그리스도를 따르는 자들이 그리스도의 이름으로 수많은 노예를 만들어 자유를 박탈하고, 재물을 약탈하고 생명을 유린(蹂躪)하였다. 이러한 신앙의 암흑기는 인간 중심의 근대를 탄생시켰다.

근대는 하나님 중심에서 벗어난 인간중심의 시대이다. 인간의 '이성(理性)'이 하나님의 자리를 차지하게 된다. 모든 인간은 이성이 있기에 스스로 진리(공통 이해)에 이를 수 있다고 여겼다. 인간이 하나님의 시각에서 벗어나 자신을 이해하고 사랑하는 것이 중요하게 되고, 십자가에 달린 그리스도를 닮고 그를 위해 사는 것이 아니라 자신을 위해서 사는 것이 중요하게 되었다. 그래서 인간의 '자유'가 무엇보다도 중요한 개념으로 여겨졌다.

마지막으로 포스트모더니즘(postmodernism) 시대라 일컬어지는 오늘날 이루어지는 타협은 어느 시대보다 더 교묘하고 바로잡기가 힘들다. 왜냐하면 이전 시대에는 타협하고, 타락하는 주된 이유가 있었다. 목숨의 위협, 돈과 힘의 무분별한 유혹 그리고 인간 이성이라는 분명하고 주된 이유가 있었다. 하지만 오늘날 타협은 기준이 없다. 절대가 용납되지 않고, 기준이 없이 각각 개인에 따라 다르고, 그리고 모든 부분에서 다양하게 개인적이고, 동시에 자의적인 타협이 이루어지기에 기독교적 실존에 가장 큰 도전이 이루어지는 시대라고도 볼 수 있다. 원하는 진리만 선별하여 선택하고, 갖고자 하는 은혜에는 간절하지만, 책임 앞에서는 갑자기 연약한 자가 된다. 그러다 보니 교회나 성도의 교제에서는 자기에 관한 이야기밖에 없다. 주제를 가지고 주고받는 대화가 아닌 각자 자기의 이야기만 한다. 각자 자기의 이야기만 하는 교제이다 보니 공감이나 공통 이해가 없다. 공감되지 않는 대화에는 인내하지 않는다. 의무와 책임을 요구하는 모임에는 연합하지 않는다. 대신 책임과 연합의 역할은 돈이 감당한다. '빛과 소금이 되라'는 그리스도의 말씀을 돈으로 감당한다. 즉 빛이 되고 소금이 되는 책임을 가지는 것이 아니라, 빛과 소금을 사려고 한다. 그리스도 안에서 온전한 삶을 사는 것이 아니라 온전한 삶을 얻고자 한다. 심지어 구원의 은혜도 사려고 한다. 때로는 구원을 얻을 수 있는 다른 방법을 찾아 타협하려고도 한다. 그래서 십자가에서 달린 그리스도를 보고는 자신의 죄를 깨닫고 그 십자가를 함께 지는 것이 아니라, 십자가에 달린 예수를 질책한다. 힘들게 십자가에 달리지 말고 내려와 함께 편안히 거하기를 종용한다. 이렇게 해서 다수의 그리스도인이 십자가에서 예수를 내린다. 더 안타까운 것은 이것이 다시 죄와 사망의 멍에를 매고 스스로 종노릇 하는 어리석음인지 깨닫지 못한다. 기독교적 실존은 그리스도의 십자가로 세상을 밝히고 변화시키는 것이지 타협한 복음과 왜곡된 진리로 오히려 예수 그리스도를 설득하는 것이 아니다.

오늘을 사는 그리스도인에게 가장 중요한 질문은 '그리스도와의 동일성과 세상의 방식에 타협하는 순응 사이에서 흔들리지 않고 순전한 신앙을 지킬 능력이 있는가?'이다.

침묵

'침묵'이 가지는 다양한 의미가 있다. 처한 상황과 부여하는 의미에 따라 여러 가지 의미와 메시지를 가진다. 그 가운데서 두 가지를 침묵이 가지는 대표적인 의미로 볼 수 있다. 하나는 '암묵적 동의'이고, 또 다른 하나는 '안전으로의 도피'이다. 침묵이 암묵적 동의를 의미할 때는 신념에 따른 동의로, 상황에 대한 동의 혹은 반대의 상황에 대한 동의를 의미한다. 반면에 도피를 의미할 때는 비판이나 개혁의 요구에 대한 회피이다. 당연히 침묵하지 않는 것은 변화와 개혁을 드러내는 것이고, 자신 역시 그 안에 뛰어드는 게 된다.

교회와 그리스도인들을 향한 많은 비판이 있다. 그중에서 한때 시끄럽다는 비판도 있었다. 모든 일에 사사건건 요란하고 오지랖이란 것이다. 그러나 개인적으로 교회와 그리스도인들을 향한 이러한 비판은 어떤 면에서는 건강함을 드러낸다고 생각한다. 버림받은 인간을 구원하기 위해서 스스로 십자가에 달린 그리스도를 '주'라고 고백하는 교회와 그리스도의 십자가를 함께 지고 살아가는 그리스도인은 세상에서 억울하고 아프고 비참한 자들의 모든 외침을 자기의 외침으로 삼기에 당연히 요란할 수밖에 없고 오지랖일 수밖에 없는 것이다. 이것은 교회와 그리스도인이 가지는 당연함이고 신앙의 건강함이다. 따라서 교회가 세상에서 조용하고, 그리스도인들이 삶에서 오지랖이지 않다고 해서 좋아할 수만은 없다.

    교회가 불의에 침묵하고 그리스도인이 연약한 자의 도움에 침묵한다면, 과연 이 침묵은 어떠한 의미의 침묵인가. 불의 가운데서 하나님의 의를 드러내기 위한 인내의 침묵인가. 아니면 교회와 그리스도인이 이단의 풍속과 세상의 사상에 뒤섞여 하나님의 뜻을 분별하지도 못하고, 죄를 회개하고 씻어낼 능력도 없어 침묵하는 것인가. 하나님의 지혜와 도움을 기다리는 인내인가, 아니면 이미 스스로가 불평등과 억울함과 같은 불의를 야기하는 기득권이 되어서 모른 척 도피하는 것인가.

    토머스 머튼은 "하나님은 침묵으로 말씀하신다"고 한다. 이 말을 한 머튼의 구체적 의도가 무엇이든 하나님의 침묵은 결코 외면이나 도피가 아니라는 것이다. 하나님의 침묵은 불의를 결코 용납하지 않는 의지이고, 당신의 백성을 억울한 가운데 버려두지 않는 사랑이고, 그리고 반드시 새롭게 하겠다는 인내이다. 이스라엘 백성들의 역사에서 많은 경우 하나님은 침묵하였지만 외면하거나 도피하지는 않았다. 애굽에서 이스라엘 백성들은 400여 년 동안 이어지는 하나님의 침묵에 불평했지만, 하나님은 백성들을 단련하고, 모세를 준비하고 적당한 때와 장소를 마련하였다. 인간은 죄와 사망 아래에서 비참한 가운데 버려두는 하나님의 침묵이 서운하고 불만이었지만, 하나님께서는 아브라함을 선택하고 그의 후손으로 예수를 보내었다. 예수 그리스도의 대속의 죽음으로 인간을 구원하기 위해 하나님은 역사를 통틀어 바쁘게 일하였다. 하나님은 침묵 가운데서도 요란하였고 바쁘게 일하였고 철저히 준비하였다. 바르트에 의하면 '세상 속에서의 그리스도의 현존은 숨어계신 현존'이다. 숨어계신 현존이란 늘 함께하며 도움을 베풀지만, 인간이 그것을 쉽게 발견하지 못한다는 의미이다. 하나님은 우리의 비참한 현실에 침묵하는 듯하지만 늘 감찰하고 있고, 결코 눈물의 부르짖음을 회피하지 않고, 애타는 간구를 간과하지 않고, 그리고 불의를 두고 보지 않는다. 그러므로 하나님을 믿노라 고백하고, 그리스도의 십자가를 지고 성령의 인도를 받는 교회와 그리스도인의 침묵은 성령의 열매를 맺기 위한 인내이고 부지런함이어야 한다. 결코 세상의 열매를 먹기 위한 비겁함이나 도피일 수 없다.

빛 자체로 존재함은 의도하지 않아도 세상을 밝힌다. 소금으로 존재한다는 것은 노력하지 않아도 존재함으로 세상을 정화하고 변화시킨다. 예수 그리스도의 십자가를 지고 나아가는 그리스도인은 세상에서 빛이요 소금이다. 노력해서 빛과 소금이 되어야 하는 것이 아니다. 빛이고 소금이기에 빛으로 존재하고 소금으로 살아간다. 하지만 세상과 타협하여 스스로 빛을 잃고 맛을 잃어, 빛나지 않는 등이요 맛을 잃은 소금으로 존재한다면 무슨 의미와 소용이 있을까. 다만 버려질 뿐이다(마 5:13).

기만

기만은 속이는 것이다. 성경에서는 사탄을 '속이는 자', '거짓말하는 자'(요 8:44, 딤전 4:2)로 정의한다. 따라서 기만은 사탄의 속성으로 기만하는 것은 죄를 짓는 것과 연결이 된다. 기만은 숨김과 왜곡 그리고 거짓말을 통해서 단순히 타인을 속이는 차원에서 끝나는 것이 아니라 자신을 속이고 나아가 하나님도 속이고자 하는 것이다. 하나님은 업신여김을 받지 않는 분이기에 당신을 속이는 일에는 진노로 임한다(갈 6:7). 작은 소자 한 명을 실족하게 하는 것에도 예수께서 엄중히 경고하는데(막 9:42), 타인을 속여 실족하게 할 뿐만 아니라 자신도 속이고 나아가 하나님을 속이고자 하는 '기만'은 하나님을 돌이켜 용서받기 힘든 죄이다(마 12:31 – 32).

'기만'과 관련해서는 이솝우화 "여우와 신포도" 이야기와 그리고 독일 작가 에리히 케스트너가 "여우와 신포도"를 현대판으로 재해석한 이야기에서 잘 엿볼 수 있다.[2]

먼저, 이솝우화에서는 갈증이 심한 여우가 샘물을 찾아 이리저리 헤매다가 우연히 포도나무 정원을 발견한다. 그런데 막상 가서 보니 포도가 높이 달려있어 따기가 쉽지 않은 것이다. 하지만 당장 갈증을 해결하고 싶은 마음에 어떡하든 따기 위해 뜀박질을 한다. 어느덧 시간이 많이 지나 해 질 무렵이 되자 여우는 불가능한 상황을 받아들이고 돌아서게 된다. 돌아서서 가면서 혼잣말로 '저 포도는 신 거야'라고 중얼거리며, 어차피 따봐야 덜 익어 먹기가 힘들 거라고 단정한다.

에리히 케스트너는 이 우화를 현대판 이야기로 재해석하여 재연한다. 원작은 목이 마른 여우가 포도를 따기 위해 노력을 했지만 실패하고 돌아가지만 재해석된 현대판 이야기에서는 여우가 성공한다. 그런데 포도를 따서 먹었는데 실제로 덜 익은 신 포도였다. 그런데 여우가 신 포도임을 인정하지 못한다. 그래서 '맛있

---

[2] 독일 작가 에리히 케스트너가 현대판으로 재해석한 "여우와 신포도"는 이어령 박사의 『빵만으로는 살 수 없다』에서 소개하는 내용을 참조한다.

다'고 스스로 속인다.

사실 "여우와 신포도"라는 우화에서 고전과 현대판 두 이야기 모두 신 포도인지 아닌지는 중요하지 않다. 여우가 중요하다. 여우가 포도를 따지 못했으니, 포도는 신 포도여야 하는 것이고, 포도를 따서 먹었을 때 설사 포도가 신 포도여도 여우가 힘들게 딴 것이기 때문에 맛있어야 하는 것이다. 상황과 사실이 중요한 것이 아니라 주체인 여우가 중요하기 때문에, 여우의 입장에 따라 상황과 사실은 얼마든지 변화되고 바뀔 수 있는 것이다.

'기만'은 미숙함에서 기인한다. 인간은 연약하고 미숙하기에 불가피하게 '무엇을 원하지만, 그것을 이룰 수 없거나 가질 수 없는 상태'와 직면한다. 그런데 인간은 이러한 불안한 상태를 견디지 못한다. 그래서 속여 완전한 상태로 만들고자 한다. 이렇게 해서 상황을 완전하게 가장하고 자신을 스스로 위로한다. 하지만 속임은 감추는 것이지 변화가 아니다. 속임으로 무엇 하나 변화되지 않는다. 때문에 기만은 또 다른 불안을 낳는다.

'기만'이 신앙의 차원으로 들어오면 신앙을 더 혼란스럽게 한다. 왜냐하면 '기만'이 '믿음' 뒤에서 스스로 가장하기 때문이다. 신앙이라는 울타리 안에서 이 둘을 분별하기는 결코 쉬운 일이 아니다. 때문에 사탄은 '기만'으로 신앙을 어지럽히고, 그리스도인들을 믿음에서 넘어뜨린다. '기만'은 인간의 연약함을 파고든다. 그래서 인간은 '기만'의 유혹에 쉽게 노출되고 넘어간다. '기만'은 인간의 삶에서 작은 돌부리와 같다. 길을 가다가 큰 바위에 넘어지는 사람은 많지 않다. 대부분 작은 돌부리에 걸려 넘어진다. 이처럼 사람들은 삶에서 '기만'에 걸려 넘어진다. 그리스도인들이 신앙생활에서 '기만'을 특별히 주의하고 경계해야 하는 이유이다.

믿음의 사람은 '속이는 자 같으나 참되고, 무명한 자 같으나 유명한 자이고, 죽은 자 같으나 살아 있고, 근심하는 자 같으나 기뻐하고, 가난한 자 같으나 부요하고, 아무것도 없는 자 같으나 모든 것을 가진 자'(고후 6:8-10)이다. 반면에 기만하는 사람은 '참된 자 같으나 속이는 자고, 유명한 자 같으나 무명하고, 살아 있는 자 같으나 죽어 있고, 기뻐하는 자 같으나 근심하고, 부요한 자 같으나 가난하고, 모든 것을 가진 자 같으나 아무것도 없는 자'이다. '기만'은 십자가에 달린 그리스도와 올바른 관계를 맺으며 사는 데 큰 장애가 된다. 왜냐하면 자신의 입장에 따라 얼마든지 가장하고 언제든지 세상과 타협할 뿐만 아니라 그리스도의 복음을 변하게 하고 말씀을 곡해하기 때문이다. 신앙에서 '기만'은 그리스도인들이 십자가에서 예수를 내리도록 하는 속임이 된다.

제2장

사탄과 화해하다

†

"인간은 죄를 범하든지 아니면 범하지 않든지
양자 사이의 추상적인 선택을 지닌다.
그러나 죄를 범할 수 있는 자유는 결코 자유가 아니다.
오직 참된 자유는 죄를 범할 수 없는 자유이다."

- 제프리 브로밀리, 『바르트 교회교의학 개관』 중에서 -

1. 사탄이 내민 손을 잡다

십자가에 달린 그리스도께서 세상 풍조를 따르고 공중의 권세 잡은 자를 따르던 인간을 그 허물과 죄에서 살리고(엡 2:1 - 2) 자유를 주었다. 그리고 자유를 육체의 기회로 삼을 것을 경계하였다(엡 5:13). 하지만 세상의 풍조와 공중의 권세 잡은 자는 인간에게 다시 죄의 멍에를 씌우기 위해 유혹을 멈추지 않는다. 자유는 선택할 수 있는 능력이다. 그렇다고 무엇이든 선택하는 것이 자유가 아니다. 자유는 죄가 아니라 의를, 악이 아니라 선을, 미움이 아니라 사랑을, 복수가 아니라 용서를, 정욕이 아니라 그리스도의 뜻을, 우상이 아니라 하나님을 선택할 수 있는 능력이다. 때문에 자유에는 투쟁이 동반된다. 올바른 자유를 위해 투쟁하지 않으면 자유가 왜곡되고 오용된다. 자유가 왜곡되면, 인간은 육체의 욕심에 따르고 세상 풍조를 선택하고 공중의 권세 잡은 자의 손을 다시 잡게 된다.

C. S. 루이스가 쓴 『스크루테이프의 편지』는 악마 스크루테이프가 자기의 조카인 풋내기 악마 웜우드에게 편지를 통해서 인간을 유혹하여 죄를 짓게 하고 지옥에 이르게 하는 방법을 가르치는 내용이다. 아홉 번째 편지에는 사탄이 인간을 유혹하고 시험하기 위해서 세우는 여러 가지 전략의 효과를 언급하는데, 바로

"참과 거짓이라는 명백한 대립항을 생각지 못하게"하는 것이다. 왜냐하면 인간이 '참과 거짓'에 대해서 흐려지고 분별하지 못하면 '자유'를 가지고 죄를 선택하기 때문이다. 스스로 세상의 풍조를 따르고 공중의 권세 잡은 자의 손을 다시 잡기 때문이다. 이러한 이유로 죄는 무엇이 선이고 무엇이 악인지 모르는 것에서 기인한다고 본다. C. S. 루이스에 따르면 "선한 사람은 선도 악도 다 알지만, 악한 사람은 선도 악도 다 모른다." 사탄은 인간으로 하여금 강압적으로 죄를 짓도록 하는 것이 아니라 자기의 자유로 죄를 선택하게 만든다. 그래서 책임을 사탄이 아니라 자기의 자유로 죄를 선택한 인간이 지도록 한다.

인간이 육체의 욕심을 따르게 되면 참과 거짓이라는 기준은 더 이상 중요하지 않다. 다만 어떻게 하면 가지고 누릴 수 있는지에 대한 방법이 중요해진다. 과정의 기준이 명분이나 정의가 아니라 만족하는 결과를 위한 수단이 된다. 때문에 수단에 제한을 두지 않는다. 자유를 가지고 무엇이든 선택한다. "세상 풍조를 따르고 공중의 권세 잡은 자를 따르던 인간을 그 허물과 죄에서 살리"(엡 2:1-2)기 위해 그리스도께서 십자가에 달려 죽었는데, 인간은 도리어 그리스도의 죽음을 헛되게 하고 스스로 공중의 권세 잡은 자의 손을 다시 잡는다. 즉 그리스도를 십자가에서 내리고 십자가에서 이루어진 행위를 간과하고 자유를 가지고 육체의 정욕을 따라 스스로 죄와 사망의 종이 된다. 바르트는 십자가에서 이루어진 일은 되돌릴 수 없는 완전한 사건이라고 주장한다. 즉 그리스도께서 십자가에 달려 죽음으로 사탄의 세력은 영원히 폐기되었다. 하지만 바르트에 의하면 십자가에서 완성된 것은 구원이 아니라 화해이다.[3] 때문에 십자가에서 사탄의 세력이 폐기되었을지라도 그 영향력은 여전히 현실 가운데 남아 있게 된다.[4] 따라서 신앙이 변질되거나 혹은 잃어버리게 되어 선과 악에 대한 분별이 흐려지게 되면 "십자가에서 영원히 폐기된 하나님의 부정이 세상 속에 뚜렷이 그 모습을 드러내게 된다." 이에 대해서는 예수 그리스도께서 광야에 이끌리어 사탄에게 시험받는 말씀을 통해 더 분

---

[3] '화해'에 대한 바르트의 이해는 그리스도 안에서 의롭게 된 것(became righteous)이 아니라 의롭게 여김을 받은 것(credited as righteousness)이라는 구원에 대한 일반적인 이해와 같은 차원으로 보인다. 때문에 바르트의 이론은 '만인구원론'이라는 일각의 주장은 '구원과 화해'의 차이에서 오는 오해인 것으로 보인다.

　바르트는 '구원과 화해'의 차이를, 나치를 피해 깊은 산속으로 도망가 지내는 사람에 대한 이야기로 설명한다. 2차 세계대전 때 오스트리아의 어떤 사람이 나치를 피해 알프스의 깊은 산속으로 숨어 들어가 세상과 단절하고 힘든 비인간적인 삶을 살아가고 있었다. 그러는 동안 나치가 망했다. 도시가 해방되고 사람들은 자유와 기쁨을 누렸다. 하지만 깊은 산속에서 숨어지는 그는 나치의 패망 소식을 모르기에 여전히 비인간적인 삶을 살아간다. 나치가 망했지만 그는 여전히 나치의 지배 아래 있는 것이다. 바르트에 따르면 그는 화해되었지만 구원받지 못한 상태이다. 그가 구원받기 위해서는 누군가로부터 나치가 망한 소식을 전해 들어야 하고, 그 소식을 듣고는 사실로 받아들여 산속 생활을 정리하고 내려와야 한다.

[4] 바르트는 그의 『교회교의학』에서 이를 "불가능한 가능성"이라고 표현한다. 바르트에 의하면 그리스도께서 십자가에서 사탄의 세력을 완전히 폐기하였지만, 그럼에도 불구하고 완전히 폐기된 사탄의 세력은 인간의 불신앙 속에서 여전히 무서운 힘을 나타내고 있다.

명하게 이해할 수 있다.

　공생애를 시작하기 전에 예수 그리스도는 광야에서 사탄에게 세 가지 시험(마 4:1 - 11)을 받는다. 첫 번째는 '떡(물질)'에 대한 시험이다. 사탄은 사십 일 동안 밤낮으로 이어진 금식으로 허기진 예수께 돌이 떡이 되게 할 것을 요구한다. 육체의 허기를 채우라는 요구로 '물질'에 대한 시험이다. 육체의 허기나 마음의 공허함을 채우기 위해 물질에 몰두하는 삶에 대한 시험이다. 두 번째 시험은 '신비'에 대한 시험이다. 높은 성전 꼭대기에서 뛰어내려 천사로 하여금 안전하게 받게 하여 사람들 앞에서 하나님의 아들임을 증명하기를 요구한다. 인간은 자신을 증명하고자 하는 욕망이 있다. 신앙 역시 마찬가지이다. 믿음을 증명하고 인정받기 위해 신비에 사로잡힌다. 그래서 '자기 부인(self-denial)'은 인간의 욕망을 거스르는 것이기에 힘든 일이다. 오직 자기를 부인한 십자가의 예수 그리스도로 말미암아 가능하다. 마지막 시험은 '권세'에 대한 시험이다. 사탄이 높은 산으로 가서 천하만국과 그 영광을 보여주며 자기에게 경배하면 모두 줄 것이라고 유혹한다. 인간은 스스로 높아져 하나님처럼 되고자 한다. 아담과 하와가 선악과를 먹은 이유이고, 바벨탑을 쌓은 이유이고 그리고 계속해서 우상을 만드는 이유이다. 인간은 세상에서 '신(God)'과 같이 되고자 하는 욕망으로 힘을 추구한다. 권세에 대한 유혹은 스스로 "신"처럼 되고자 하는 인간의 교만을 자극하는 시험이다. 사탄은 허기진 예수를 불모의 광야로 데려와 가장 연약한 상태에서 이 세 가지―물질과 신비 그리고 권세―를 시험한다. 하지만 예수는 사탄의 유혹을 뿌리친다.

예수는 물질과 신비 그리고 권세를 거절한다. 물질이 만족을 줄 수 없고, 신비로 자신을 증명할 수 없고 힘으로 스스로를 높여 "신"과 같이 될 수 없음을 보인다. 예수 그리스도라고 해서 사탄의 시험을 물리치는 일이 결코 쉽지는 않았으리라 생각된다. 왜냐하면 세 가지 시험에서 반복해서 사탄이 언급하는 "만일 하나님의 아들이어든"이라는 가정 때문이다. 사탄은 그리스도가 하나님의 아들임을 알고 있다. 그럼에도 가정하는 표현으로 유혹을 극대화시킨다. 할 수 없는 것에 대한 유혹은 그다지 어렵지 않다. 할 수 없으므로 유혹에 넘어가지 않는다. 하지만 할 수 있는 것에 대한 유혹은 뿌리치기가 매우 어렵다. 그리스도께서 사탄의 유혹을 거절한 이유는 할 수 없어서가 아니라, 해서는 안 되기 때문이다. 물질을 가지고 삶이 채워지는 만족을 결코 얻을 수 없고, 인간은 하나님의 신비를 통해서 증명되는 것이 아니라 믿음 안에서의 인내를 통해서 증명되는 것이고, 그리고 권세와 영광은 사탄과 세상에 있는 것이 아니라 하나님과 그의 나라에 있으므로 예수께서 사탄의 유혹을 거절한 것이다. 그런데 예수께서 사탄의 세 가지 유혹을 거절하고 시험에서 승리하였다고 해서 사탄의 유혹이 없어지는 것이 아니다.

　예수 그리스도께서 사탄의 시험에 승리하였지만, 유혹은 없어지지 아니하고 그리스도인의 삶에 위험한 힘으로 그대로 남아 있다. 그리스도께서 십자가에서 사탄의 세력을 영원히 멸하였지만, 사탄의 위험한 힘은 아직 그대로 현실에 존재하는 것처럼, 그리스도께서 세 번에 걸친 사탄의 시험에서 승리하였지만, 사탄의 유혹은 아직 위험한 힘으로 현실에 존재하는 것이다. 대신에 그리스도께서 인간의 본이 되는 것이다. 그리스도께서 사탄의 유혹을 거절함으로 인간에게 자유의 본을 보인 것이다. 자유는 하나님께서 원하지 않음을 선택하는 것이 아니라 하나님께서 원하시는 바를 선택하는 것이다. 그러나 역사를 통해서 반복해서 확인하는 것은, 아니 인간의 삶을 조금이라도 관심을 가지고 살펴본다면, 하나님께서 그토록 바라고 그리스도께서 본을 보임에도 불구하고 인간은 자기의 자유를 가지고 육체의 정욕을 좇으며 하나님의 원하지 않음을 선택한다는 것이다. 육신의 삶을 채우기 위해 물질을 좇고, 자신을 증명하기 위해 신비에 집착한다. 그래서 자신이 특별하고, 더 사랑받는 자라는 것을 남에게 증명하고 인정받고자 한다. 그리고 세상에서 높이 들리어 신적인 존재와 같이 되고자 꿈꾼다. 그래서 자기의 삶과 자신이 살아가는 세상의 주인이 되고자 한다. 이것은 그리스도께서 광야에서 거절한 사탄의 손을 잡는 것이다. 사탄의 손을 잡고 돌이 떡이 되기를 간구하고, 삶의 특별한 안위와 평안을 바라고 하나님처럼 되기를 꿈꾸는 것이다. 결국 인간은 자유를 가지고 스스로 죄의 종이 되어 하나님과 화해하는 삶이 아닌 사탄과 화해하는 삶을 추구한다. 이것이 이전에도, 오늘날도, 그리고 앞으로 계속 이어질 인간이 처한 위기이다.

'선과 악이라는 명백한 대립항'에서 벗어나 분별하지 못하고 결국에는 자유를 육체의 기회로 삼아 떡(물질)과 신비 그리고 권세를 바란다면 이는 십자가에 달린 그리스도를 내리고 예수가 부정한 사탄과 화해하여 그를 따르는 것이다. 따라서 인간(특별히 그리스도인)은 삶의 기준이요 판단의 근거가 되는 십자가에 달린 예수를 바라고 그의 십자가를 지며 그의 본을 따라 살아야 한다. 이것이 예수 그리스도의 십자가에서 하나님과 화해한 인간의 자유로운 삶이다.

2. 소유적 삶의 양식을 취하다

인간은 타락이라는 본성과 연약함이라는 실존으로 인해서 물질과 신비 그리고 권세라는 사탄의 유혹을 거절한 그리스도의 뒤를 따르기보다는 사탄과 화해하여 이 세 가지를 소유하는 삶에 더 매력을 느낀다. 그래서 십자가에서 그리스도를 애써 내리고 사탄과 화해하여 물질을 채우고 신비를 경험하고 권세를 누리는 소유적 삶을 선택한다.

하나님은 인간과 존재로서 교제하기를 원한다. 하지만 인간은 목적을 가지고 하나님과 관계를 한다. 그래서 존재의 의미를 소유하는 것에 두고, 소유하는 만큼 자신이 증명된다고 생각하고 그렇지 못하면 아무것도 아닌 존재로 여긴다. 그래서 신앙에서는 은혜와 간구하는 기도가 가장 중요한 덕목이 되었고, 안식은 시간 낭비로 인식될 지경에 이르러 일의 우선순위에서 늘 밀리곤 한다. 은혜를 받는 만큼 자신의 특별함과 하나님으로부터 받는 사랑이 증명된다고 생각하고, 반면에 순결한 영과 연약한 실존 그대로의 모습으로 하나님의 사랑 안에 존재하는 안식에는 지루함, 가만히 있지 못하는 조급함, 심지어 심리적 불안을 느끼는 경우도 있다. 언제부터인가 하나님 안에서 존재하는 신앙이 소유적 생산 활동이 되어 버렸다. 신앙생활을 통해서 무엇을 얻을 것인지를 계산한다. 소유하지 못하는 신앙은 '믿음 없음'이라는 자리로 밀려난다. 소유하는 신앙에서는 하나님과의 관계가 아니라 소유하는 자신이 중요하다. 그래서 '신앙'이라는 노트는 하나님의 존재와 사랑을 증명하고 고백하는 기쁨보다는 소유하고자 하는 인간의 아우성으로 가득 채워졌다. 에리히 프롬에 의하면 "구원은 소유하는 게 아니라 구원 안에 거하는 것"이다. 따라서 구원받음은 그리스도께서 십자가를 통해 이룬 은혜를 얻는 것이 아니라, 마지막까지 십자가의 은혜 안에서 존재하는 것이다. 하지만 신앙이 '하나님의 의 안에서 존재하는 것'이 아니라 '소유를 위한 활동'으로 전환되면서 십자가의 말씀에 대한 많은 오해가 생산되고 있다.

존재의 추구는 사랑과 평안의 갈구로 이어지지만, 소유의 추구는 끝없는 다툼으로 이어진다. 왜냐하면 소유를 추구하는 삶은 모든 것을 가지고자 하는 욕망을 키우기 때문이다. 그리고 인간의 개인주의적 이기심이 강화된다. 에리히 프롬의 『소유냐, 존재냐』에는 이기주의는 '모든 것을 가지기를 원하고, 공유가 아니라 점유를 통해서 즐거움을 느끼고, 많이 소유할수록 자신의 존재가 커진다고 생각하여 더욱더 탐욕스러워지고 모든 타인에 대하여 적대감을 가진다'고 설명한다. 그래서 신앙생활에서도 '이기적인 신앙'이라는 말이 생겼다. 그리고 은혜에 욕심을 내어 소유하기를 강조한다. 신앙은 근본적으로 이기적일 수 없는데, 그리스도께서 광야에서 거절한 사탄의 유혹하는 손길을 인간이 다시 잡음으로 소유를 위한 신앙으로 왜곡시켜 버렸다. 그래서 신앙생활이 이기

주의가 되었다. 소유를 추구하는 이기적 신앙은 끊임없이 우상을 만들어 내고, 궁극적으로는 스스로가 하나님이 되고자 한다. 때문에 그리스도께서는 "사람이 만일 온 천하를 얻고도 자기를 잃든지 빼앗기든지 하면 무엇이 유익"(눅 9:25)이 있겠느냐고 경고한다. 인간은 소유를 통해서 스스로 하나님처럼 되는 것이 아니라. 하나님 안에서 존재함을 통해서 스스로가 하나님의 피조물임을 인정하는 것이 진정한 은혜로 가는 길이다.

마이스터 에크하르트는 "아무것도 소유하지 않고 자신을 열어서 비우는 것, 자아에 의해서 방해받지 않는 것이 영적 부와 힘을 얻는 전제"라고 가르친다. 또한 마르크스는 "사치야말로 빈곤과 마찬가지로 큰 악덕이며, 우리는 많이 소유하고 있는 것이 아니라 풍요롭게 존재하는 것을 목표로 해야 한다"라고 가르친다. 결국 인간은 행복해지기 위해서 소유하려고 하지만 소유를 통해서 행복해지지는 못한다. 왜냐하면 소유는 적개심을 품게 하고 서로를 배척하게 하여 결국은 소외되고 비참한 삶을 살게 하기 때문이다. 알버트 슈바이처는 1954년 11월 4일 노벨 평화상을 받기 위해서 오슬로에 왔을 때 다음과 같이 호소했다.

"과감히 지금의 상황을 보십시오. 인간이 초인이 되는 상황이 벌어졌습니다…. 이 초인은 초인적 힘을 지닐 만한 이성의 수준에는 올라서지 못 했습니다…. 우리가 이전에는 온전히 인정하려고 하지 않았던 사실, 이 초인은 자신의 힘이 커짐과 동시에 점점 더 초라한 인간이 되어간다는 사실이 이제는 명명백백해졌습니다…. 그러나 근본적으로 우리가 의식해야 할 점은, 이미 오래전에 의식해야만 했던 점은 초인으로서의 우리는 비인간이 되었다는 사실입니다."

소유하는 삶의 양식은 인간 역시 소유물이 되게 한다. 즉 인간 역시 비인간이 된다. 인간은 자기의 욕심을 위해 선택한 소유적 삶을 통해서 더 많이 가지고 더 높이 올라서 더 나은 인간이 되고자 하지만, 도리어 결국에는 비인간이 된다.

존재로의 부르심과 갈등

이스라엘 민족의 역사는 아브람에게 주어진 "고향과 친척과 아버지의 집을 떠나라 내가 네게 보여줄 땅으로 가라"(창 12:1)는 하나님의 명령으로 시작된다. 하나님의 부르심은 근본적으로 존재로의 부르심이다. 따라서 하나님의 부름을 받은 인간은 하나님 안에서 하나님의 백성으로 존재하기 위해 살아가는 것이다. 소유하기 위한 목적을 두고 하나님을 만나는 것은 하나님의 부르심에 대한 오해이다. 하나님과의 관계에서 소유는 목적이 아니라 철저하게 은혜이고 결과이다. 소유는 하나님과의 관계 안에서 구별된 존재로 살아가는 삶에 주어지는 약속이다. 반면에 소유를 목적으로 삼고 그것을 추구하는 것은 하나님으로부터 받은 약속이 없는 '하나님 없는 자의 삶'이다.

모세는 하나님의 명령에 의해 애굽에서 노예 된 백성들을 이끌고 광야로 나온다. 예수 그리스도께서 사탄에 의해 시험을 받은 바로 그 광야이다. 존재하는 것 외에는 어떤 것도 소유하기 힘든 바로 그 광야이다. 아니 존재하는 것조차 위협받는 광야이다. 때문에 존재하기 위해 떡(물질)과 신비한 도움과 척박한 환경을 헤쳐 나갈 힘(권세)이 절실하게 필요한 환경이다. 무엇 하나 소유할 수 없는 환경에서 존재하기 위해서, 무엇이든지 소유하고자 강하게 열망하는 곳이 바로 광야다. 애굽에서 오랫동안 노예 된 이스라엘 백성들이 자신들의 소유를 모두 버리고 광야로 나와 하나님 앞에서 존재로 서게 된다. 하나님의 백성이라는 존재에 대한 정체성 이외에는 아무것도 없는 상황에 처한다. 이러한 환경에서 이스라엘 백성들은 끊임없이 존재와 소유 사이에서 갈등한다. 그래서 여정에서 장애를 만날 때마다 계속해서 애굽으로 되돌아가고 싶어 하고, 마음이 불안할 때마다 우상을 세운다. 블레셋으로 인해 길을 둘러 행할 때, 물도 음식도 구하기 힘들어 목마름과 굶

주림으로 고통을 받을 때, 전쟁이나 질병과 같은 역경에 처할 때, 정탐꾼으로부터 가나안 땅에 대한 보고를 듣고는 불안해할 때 이스라엘 백성들은 자기들을 억압하고 핍박한 애굽에서의 삶을 회상한다. "우리가 애굽 땅에서 고기 가마 곁에 앉았던 때와 떡을 배불리 먹던 때에 여호와의 손에 죽었다면 좋았을 것을 너희가 이 광야로 우리를 인도하여 내어 이 온 회중으로 주려 죽게"(출 16:3)한다고 불평하며 억압과 핍박으로부터 자유를 얻었다는 사실은 잊어버리고 단지 거할 곳이 있었고 먹을 것이 풍족했던 노예의 삶을 회상하고 다시 돌아가고 싶어 한다. 육체적으로 힘들 때마다 원수인 애굽과 다시 화해하고자 하였고, 마음이 불안하고 염려가 밀려올 때마다 금송아지 같은 우상을 세웠다.

정착하여 소유하고 그래서 평안하고자 하는 삶은 노예적 삶의 양식이다. 하나님께서는 이스라엘 백성들이 노예적 삶에서 벗어나 자유롭게 존재할 수 있는 삶이 되게 하였다. 그리고 동행하기를 원하였다. 하지만 이스라엘 백성들은 동행이 아니라 정착을 원했고, 자유가 아니라 종속을 바랐다. 그래서 하나님께서는 모세에게 율법을 주시고 광야 여정 동안 이스라엘 백성들에게 소유를 추구하는 삶의 양식에서 벗어나 거룩한 백성으로 하나님과 동행할 것을 가르친다. 하지만 이스라엘 백성들은 이제껏 소유하지 않고 존재한 적이 없었고 소유 없이 존재할 능력도 없었다. 때문에 하나님과 끊임없는 갈등을 야기하였다. 이 갈등으로 한 세대가 지나고 다음 세대가 되어야 약속의 땅으로 들어갈 수 있었다.

분명한 것은 광야는 하나님 앞에서 존재로 부름을 받는 장소이다. 인간은 광야에서 아무것도 할 수 없고 어떤 것도 감출 수 없는 철저하게 연약하고 부족한 모습 그대로 하나님 앞에 선다. 광야는 인간에게는 수많은 갈등이 존재하는 곳이다. 이 갈등 안에서 인간은 자유를 가지고 소유하려는 욕심에 종속되지 아니하고 하나님 앞에서 거룩한 존재로 동행할 것을 요구받는다. 하지만 인간은 우선 소유하기를 원한다. 그래서 "사람이 떡으로만 살 것이 아니요 하나님의 입으로부터 나오는 말씀으로 살 것이라"(마 4:4)는 말씀을 '떡도 있고 말씀도 있어야 할 것이라'로, "주 너의 하나님을 시험하지 말라"(마 4:7)는 말씀을 '믿음은 하나님을 시험하는 것이라'로, 그리고 "주 너의 하나님께 경배하고 다만 그를 섬기라"(마 4:10)는 말씀을 '많은 은혜를 받아야 하나님을 경배하고 섬기리라'로 수정하여 왜곡한다. 이것이 구약시대와 신약시대 할 것 없이 교회사 전체를 통해서 발견할 수 있는 존재로 부르시는 하나님과 부름을 받은 인간 사이의 고민이고 갈등이다.

에리히 프롬에 의하면 "소유적 존재 양식의 인간은 남들과 비교하여 자신이 우월하다는 데에서, 힘을 지니고 있다는 의식에서, 그리고 결국 정복하고 약탈하고 죽일 수 있는 자신의 능력에서 행복을 발견한다. 그러나 존재적 실존 양식에서의 행복은 사랑하고 나누며 베푸는 것에 있다." 하나님은 이스라엘 백성들이 우월하므로 선택하고 구별한 것이 아니라, 함께 존재하며 서로 기뻐하기 위함이다. 하나님께서 6일 동안 창조하시고 제7일째에 안식하셨다. '안식'은 모든 창조물과 함께 존재하며 기뻐하는 시간이다. 즉 안식은 소유를 추구하는 삶의 양식에서 벗어나서 하나님과 존재하는 것이 행복이고 기쁨임을 확인하는 시간이고, 소유적 삶의 양식과 존재적 삶의 양식 사이의 갈등을 해결하기 위해 하나님 앞에 나아가는 광야의 시간이다.

3. 인간의 3가지 죄

육체의 욕심에 따라 소유적 삶을 사는 인간은 예수 그리스도의 십자가를 통해 하나님과 화해하게 되고, 하나님과 동행할 수 있는 은혜를 입었다. 그리고 그리스도께서 자유를 가지고 육체의 기회로 삼지 말 것과 다시 종의 멍에를 메고 스스로 종노릇 하지 말 것을 명령하셨다(갈 5:1 - 15). 하지만 여전히 인간은 예수가 광야에서 부정한 사탄과 화해하여 물질과 신비 그리고 권세를 가지고 평안하고 행복하기를 바란다. 이스라엘 백성들이 노예 된 애굽에서 광야로 나와 자유를 얻었지만, 광야에서의 척박한 삶과 불안한 환경에서 번번이 노예로 지내던 애굽을 그리워하였듯이, 인간은 여전히 유혹에 연약하여 쉽게 분별력을 잃어버리고 사탄이 삶의 곳곳에 던져놓은 올무에 걸린다. 그래서 다시 죄와 사망의 종이 된다.

예수 그리스도는 광야에서 물질과 신비 그리고 권세라는 사탄의 유혹을 거절하였다. 그리고 산상수훈에서 "심령이 가난한 자"가 복이 있다고 말씀하셨다. '가난하다'는 것은 '자유롭다'는 의미를 가진다. 실제로 '소유한다'는 것은 소유하는 것의 지배를 받는다는 의미이다. 왜냐하면 소유하기를 갈망하는 대상이 곧 우상이기 때문이다. 때문에 예수께서 강조하신 '가난'은 단순한 무소유의 개념이라기보다는 '자유'의 개념에 가깝다. 따라서 십자가를 지고 예수를 따르는 삶은 단순히 무능력한 가난이고 무기력한 연약함이 아니라, '자유로운 가난'이고 '하나님의 강함 안에서의 연약함'이다. 자유로운 가난은 '비천에도 처할 줄도 알고 풍부에도 처할 줄도 안다'(빌 4:12)는 바울의 고백처럼 물질에 종속되지 않는 것을 의미한다. 그리고 하나님의 강함 안에서의 연약함은 바울이 하나님으로 인해 약함이 도리어 강함이라고 말한 것처럼 하나님의 능력을 의지하고 하나님의 은혜로 살아가는 삶을 가리킨다.

소유는 인간이 획득하기 위해 추구하는 목적이 될 수 없다. 왜냐하면 소유는 하나님께서 허락하시는 은혜이기 때문이다. 하나님을 목적으로 두고 그를 의지하고 그의 말씀에 순종하는 삶에 주어지는 은혜(신 8:18, 마 6:33)가 바로 소유이다. 하지만 인간은 당장의 이익과 편리를 위해 소유하는 삶의 양식을 추구한다. 그래서 탐욕스러워지고, 적개심을 품고, 그리고 이기적으로 되어간다. 이와 관련해서 칼 바르트는 그의 "화해론"에서 세 가지 죄─교만, 태만, 기만─를 언급한다.

인간의 세 가지 죄 - 교만, 태만, 기만

칼 바르트는 그의 『교회교의학』에서 화해론과 죄론을 함께 다룬다. 왜냐하면 그리스도께서 십자가에서 이룬 하나님과의 화해는 죄를 배제할 수 없기 때문이다. 예수 그리스도는 인간의 죄를 해결하기 위해 이 땅에 오시고 십자가에서 죽고 부활하였다. 따라서 죄와 화해는 항상 연결되어 있다.

(1) 교만

바르트의 세 가지 죄에 대한 제프리 브로밀리의 이해와 해석에 기초해서 정리를 하면, 첫 번째로는 성자인 예수 그리스도의 순종하는 모습에 의해 폭로되는 죄로, 바로 '교만'이다. 교만의 죄는

네 가지로 설명된다. 먼저 교만은 인간이 하나님처럼 높아지려고 하는 것이다. 예수 그리스도 안에서 하나님은 인간이 되었는데, 인간은 죄 가운데서 하나님이 되려고 한다. 그래서 인간은 자신을 사랑하고, 자신을 기준으로 삼고 그리고 자기가 원하는 하나님을 만든다. 두 번째로 교만은 인간이 주인이 되려고 하는 것이다. 하나님은 예수 그리스도 안에서 종이 되었는데, 인간이 종 대신 주인 노릇을 하려고 한다. 하지만 이는 인간이 자신을 소외된 노예가 되게 하고, 관계를 무질서하게 하고 하나님을 가혹한 하나님으로 만든다. 세 번째, 교만은 인간 스스로가 심판자가 되는 것이다. 예수 그리스도 안에서 심판자이신 하나님이 심판 당했다. 그러나 심판받을 자 인간은 도리어 심판자가 되려고 노력한다. 이렇게 되면 인간은 자신의 역할을 잘못 알고, 선한 것에 악을 행하고 하나님의 심판에서 심판을 돕는 자가 되려고 한다. 마지막으로 교만은 인간이 스스로 자신을 도와 하나님 없이 살고자 하는 것이다. 예수 그리스도는 인간을 구원하기 위하여 스스로 십자가에서 무력해졌는데, 무력한 인간은 스스로 자기 자신을 도울 수 있다고 믿는다. 이는 하나님의 은혜의 선물을 자기가 이룬 것으로 착각하여 하나님의 도움을 거절하고, 스스로 하나님의 조력자로 오해한다.

그러므로 교만의 결과는 타락이다. 예수 그리스도는 세상에 내려왔다가 다시 높임을 받은 반면에, 인간은 높이 오르려고 하다가 곤두박질친다.

(2) 태만

인간의 두 번째 죄는 '태만'이다. 예수 그리스도 안에서 새사람이 되었다는 관점에서, 예수의 '위'를 향한 움직임과는 반대로 변하지 않는 죄된 인간의 상황을 보게 된다. 여기서 죄는 게으름이고, 나태이고, 둔함이고, 무력함이고, 그리고 태만이다. 태만은 인간의 '거부(Rejection)'를 의미하는데, 하나님의 선물—구원, 새 생명, 새 삶—을 거부하는 것과 관련된다. 태만은 하나님을 거부함 속에서 세 가지 측면—사람들과의 관계, 자신과의 관계, 시간과의 관계—에서 단절을 수반한다. 그래서 사람들과의 관계 속에서 수동성과 비인간성을 야기하고, 자신과의 관계 속에서 방탕을 초래하고, 그리고 시간과의 관계에서 염려와 불안을 일으킨다.

태만한 인간은 비인간성, 방탕 그리고 염려와 불안으로 비극을 초래한다. 비극은 결국 자신도 모른 채 영원한 죽음으로 달려가는 것이다.

(3) 기만

마지막은 인간의 거짓으로 곧 '기만'을 말한다. 죄에 대한 온전한 인식은 예수 그리스도에 대한 인식으로부터 얻어진다. 예수 그리스도가 진리로 인식될 때 죄는 거짓으로 드러난다. 인간의 거짓은 하나님의 실체를 피하려고 하고 자신의 말로써 진리를 반대한다. 진리는 그 자신을 인간에게 드러내지만, 인간의 거짓은 그것을 원하지 않는다. 그래서 거짓된 인간은 진리를 회피한다. 즉 진리는 인간의 기만을 드러내는 것이다. 그리고 인간의 가면을 벗겨버리는 진리는 인간을 죄에서 살리려 이 땅에 오시고 십자가에서 죽었으나 사흘 만에 부활하시고 여전히 성령의 약속 가운데 살아서 거하시는 예수 그리스도이시다. 인간의 거짓은 참진리를 등지고 다른 진리를 세우려고 한다. 거짓되고 우둔한 자유를 세우고, 이스라엘 백성들이 광야에서 금송아지를 세우고 '애굽에서 인도하여 낸 너희의 신'이라고 한 것처럼, 하나님을 재단하여 인간을 위한 가상의 하나님을 만든다. 욥의 세 친구는 종교적 위선(기만)으로 진리를 회피한 예가 된다.

거짓(기만)은 인간을 진리가 아닌 저주의 그림자에 거하게 한다. 그리고 그 결과는 유죄 선고이다. 이는 지금 당장 선고가 아닌, 앞으로 올 유죄 선고이다. '기만'은 인간을 하나님의 심판으로 이끈다. 따라서 거짓의 옷을 벗고 하나님 앞에서 정직과 진실함으로 행해야 한다.

바르트는 그의 "화해론"에서 교만, 태만, 그리고 기만이라는 인간의 세 가지 죄와 그로 인한 결과로 타락, 비극, 그리고 유죄 선고에 대해 설명한다. 바르트가 설명하는 인간의 세 가지 죄는 예수 그리스도께서 광야에서 받은 세 가지 시험과 연결해서 이해할 때 놀라운 통찰을 선사한다.

사탄과 화해 - 소유적 삶 - 인간의 죄

예수 그리스도는 그의 공생애를 시작하기 전, 광야로 이끌리어 사탄에게 세 가지 시험을 받는다. 그리스도는 돌을 떡으로 만들라는 유혹과, 높은 곳에서 뛰어내려 천사로 하여금 받도록 하는 유혹과 그리고 사탄을 경배하여 세상의 모든 것을 가지고 세상의 영광을 누리라는 유혹을 받는다. 하지만 그리스도는 이 모두를 거절함으로 물질과 신비 그리고 권세의 시험에서 진정한 자유의 본을 보였다. 그리고 인간에게 자신의 십자가를 지고 따르라고 말한다. 이는 그리스도와의 동일성에 대한 요구이다. 그리스도의 본을 따라 세상에서 자유를 보이며 죄의 종이 아니라 의의 종으로 살기를 요구한다(롬 6:18). 하지만 대다수 인간은 그리스도께서 부여한 자유를 가지고 육체의 욕심을 따라 스스로 죄의 종이 된다. 십자가에 달린 그리스도가 새 생명 안에서 참인간이 되어 새로운 삶을 사는 은혜를 주었지만, 인간은 육체를 따라 예수가 부정한 사탄과 화해한다. 그래서 물질과 신비 그리고 권세를 소유하기 위해 사탄이 내민 손을 잡고 소유하는 삶을 추구한다.

소유하는 삶은 하나님의 형상대로 창조된 피조물인 인간을 하나님 안에서 잠깐 존재하는 것마저 불안해하고 조급해하도록 한다. 불안과 조급함은 계속해서 삶을 채우고 더 높아지려 바쁘게 움직이도록 인간을 몰아간다. 그리고 소유가 행복을 줄 것이라는 착각을 갖도록 속인다. 그리스도께서는 비인간의 삶을 사는 인간을 십자가를 통해 해방시키고 자유롭게 하였지만, 사탄은 물질과 신비 그리고 권세를 소유하라는 유혹으로 인간이 다시 비인간의 삶을 살게 한다.

인간이 육체의 소욕을 따라 사탄과 다시 화해하고 소유를 추구하게 되면 다시 죄의 종이 된다. 인간이 소유를 갈망하며 스스로 종이 되기를 자처한 '죄'는 바르트가 언급한 세 가지 죄—교만, 태만 그리고 기만—와 연결된다. 그리스도께서 광야에서 사탄에게 받은 첫 번째 유혹인 떡(물질)을 소유하기 위해 인간은 태만의 죄를 짓는다. 참인간으로서의 새로운 삶을 거부하고 방탕하고 미래에 대한 불안과 염려를 물질로 해결하려고 한다. 그리고 예수의 두 번째 시험(신비)과 관련해서 인간은 거짓의 죄를 범한다. 인간은 신비를 통해 자신이 특별하고 더 사랑받는 자임을 증명하려고 한다. 그래서 기만의 죄를 범한다. 진리를 자신에게 맞게 재단하여 오용한다. 마지막으로, 사탄이 예수에게 행한 세 번째 시험(권세, 힘)에서 세상의 모든 것을 다 소유하여 결국에는 하나님처럼 높아지기를 원하는 인간은 교만의 죄를 범한다. 그리고 자신이 삶의 주인이요, 세상의 심판자가 되려고 한다.

은혜는 인간을 예수 그리스도의 십자가 위로 이끌어 하나님과 화해하게 하지만, 죄는 인간을 십자가의 그늘, 즉 저주의 그림자에 거하게 한다. 교만은 타락하게 하고, 태만은 하나님을 거부하는 비극을 초래하고, 그리고 기만은 저주라는 유죄 선고로 인간을 이끌고 간다.

예수 그리스도는 공생애를 시작하기 전에 광야에서 사탄에게 먼저 시험을 받은 것은, 사탄의 세 가지의 시험—물질과 신비 그리고 권세—을 통과하지 않고는 가능하지 않은 생애이기 때문이다. 인간이 사탄의 세 가지 시험을 통과하지 않고서는 하나님께로 나아갈 수 없으므로 먼저 본을 보인 것이다. 사탄은 마지막까지 물질과 신비 그리고 권세로 인간의 삶을 유혹한다. 이것이 하나님께 나아가는 인간이 감당해야 하는 십자가의 삶이다. 따라서 이 모든 시험을 극복하고 승리한 십자가에 달린 그리스도를 보고 그가 걸어간 길을 따라서 포기하지 않고 나아가 완전한 하나님의 은혜 안에 이르러야 한다.

제3장

하나님의 의를 드러내지 못하다

†

"바른 것과 바르지 못한 것에 대한 무관심은
하나님께서 그의 계약으로부터 물러남을 의미할 것이다"

- 위르겐 몰트만, 『십자가에 달리신 하나님』 중에서 -

1. 하나님의 의가 드러나다

하나님께서 십자가를 통해서 당신의 '의'를 드러내었는데 곧 예수 그리스도이다. 예수 그리스도는 하나님의 '의'로, 인간을 죄에서 자유롭게 하는 하나님의 구원이고 모든 억눌린 자를 옹호하는 하나님의 정의이다.

경건하지 않음과 불의로 인해 모든 인간의 실존은 하나님의 진노 아래에 있었다. 하나님을 알고도 영화롭게 하지 아니하고 도리어 인간은 허망한 생각과 어두운 마음으로 우상을 세우고 세상을 사랑하고 정욕과 상실한 마음대로 행하여 더 이상 하나님의 심판을 피할 수 없는 상태에 있었다(롬 2:3). 물론 하나님께서 모세를 통해 율법을 주었다. 율법의 목적은 하나님의 백성을 의롭게 하는 것이다(신 6:25). 하나님께서 이스라엘을 선택하여 당신의 백성으로 거룩하게 구별하고 율법을 통하여 의롭게 하여 스스로 구원에 이르게 할 뿐만 아니라 세상에서 하나님의 의가 되게 하고자 하였다. 하지만 율법을 통해서 증명된 것은 인간은 스스로 의롭게 될 수 없다는 것이다(롬 3:20). 그래서 하나님의 진노와 심판이 인간의 피할 수 없는 운명인 상황에서 그리스도께서 온 것이다. 죄로 인해 하나님의 영광에 이를 수 없는 모든 인간의 실존에 예수가 들어와 십자가에 달려 스스로 속죄의 제물이 되었다. 그리고 이때 하나님의 의를 드러내어 예수를 믿는 모든 자를 의롭게 한다(롬 3:25-26). 즉 그리스도를 믿는 자는 예수를 통해 하나님의 의가 전이되어 의롭게 여김을 받아 하나님과 화해하고, 그리고 하나님과 화평을 이루는 삶을 산다. 따라서 십자가에서 예수 그리스도를 통해 드러난 하나님의 '의'는 예수를 믿는 모든 이를 의롭게 여기는 구원이요, 환난 중에서 인내하는 소망이요, 그리고 하나님 안에서 즐거워하는 화평이 된다(롬 5:1-11).

의 / 정의 / 칭의

하나님의 '의'는 하나님의 '구원하시는 정의'이다(IVP 성경신학사전). 이렇듯 '의'와 '정의'는 함께 사용되며 비슷하게 쓰이지만 약간의 차이를 가지고 있다. 먼저 '의'와 '정의'에 대한 일반적인 이해와 성경적인 이해의 차이를 살펴보고자 한다.[5]

(1) 의 / 정의

먼저 일반적으로 사용되는 의미에서 '의'는 개인의 도덕적 올바름과 관련된 개념이고 '정의'는 공공이나 관계에서 사용된다. 일반

---

5   '의'와 '정의'에 대한 내용은 『IVP 성경신학사전』과 『HOLMAN ILLUSTRATED BIBLE DICTIONARY』를 참조한다.

적 의미의 '정의'는 '올바른 사회질서, 즉 소유와 명예의 공정한 분배와 악을 징계하는 것'이다. 정의는 평등의 실현을 중심 가치로 여긴다. 그래서 정의의 본질은 '평등'(아리스토텔레스)으로 '각자에게 그의 몫을 돌려주고자 하는 항구적인 의지'(울피아누스)이고 '정당화될 수 없는 불평등이 존재하지 않는 상태를 추구하는 것'(존 롤스)이라고 이해되기도 한다. 즉 '의'는 올바른 개인적 윤리와 연관되고, 반면에, '정의'는 올바른 사회질서를 지향하며 평등의 가치를 가지고 법적인 측면을 강조한다. 그래서 강제성을 가지고 행위에 대한 이익과 심판을 포함한다.

성경적인 의미에서는 조금 차이가 있다. 성경에서 '의'와 '정의'는 관계에 적용하고 어떤 행동이나 다툼과 같은 구체적인 상황에서 이해된다. 먼저 '의'는 올바름에 대한 내면적인 성품이라기보다는, 하나님과의 관계에서 이루어지는 은혜이다. 하나님께서 '의'의 근원이 되고 그와의 관계를 통해서 의롭게 된다고 설명한다. 그리고 의롭게 된다는 것은 곧 새로운 질서를 의미한다. 복음, 즉 그리스도 안에서 드러난 하나님의 의(롬 1:17)는 인간의 불의를 바로잡고 '의'의 질서를 세우고, 그리고 하나님과 인간 사이에 화평의 질서를 세운다(롬 5:1). 그래서 성경학자 알렉 모티어는 '의롭다'는 말은 "하나님과 올바른 관계를 맺고 있는 까닭에 삶에서 맞닥뜨리게 되는 관계를 바로잡는 일에 자연스럽게 헌신"하는 것이라고 정의한다. 또한 '의'는 '언약적 성실'이라는 개념으로 이해된다. 즉 '의롭다는 것'은 '약속을 성실히 이행한다'는 의미를 가진다. 하나님은 구원을 이루겠다는 당신의 약속을 지키는 분으로서 '의롭다'고 여겨졌고, 이스라엘 백성은 하나님과 체결한 언약 관계에 성실하게 머묾으로써 '의롭다'고 인정되었다. 그래서 하나님과 의로운 관계를 깨뜨리는 것은 반역한 자식이나 음란한 아내에 비유되어 강한 불의로 여겨졌다(사 1:2, 호 1:2).

그리고 '정의'는 흔히 악에 대한 하나님의 진노(심판하는 정의)를 먼저 떠올리게 한다. 그러나 성경적 시각에서 '정의'는 먼저 '지지'와 '구원'의 의미를 가진다. 그래서 '정의를 행한다'는 말은 '지지 한다' 혹은 '구원 한다'로 해석된다. 또한 '정의'는 하나님과 올바른 질서를 확립하기 위한 통치와 심판으로 이해된다. 사사와 이스라엘 왕들의 역할은 하나님의 지배를 이 세상 가운데 실행하면서 '정의와 공의'를 행하는 것이었다(삼하 8:15, 렘 22:3, 시 72:1-4). 이스라엘 백성들은 하나님께 혹은 하나님의 중재자 역할을 맡은 왕에게 하나님의 '의'—억눌린 자를 옹호하시는 하나님의 구원—를 보이기를 간청하였다(시 5:8, 사 51:6-8). 그리고 성경에서 '정의'는 일반적인 이해와는 달리, 가치를 분배의 공정이나 자격의 공평함에 두지 않고 '은혜와 사랑'에 둔다. 성경에서 '정의'는 '은혜와 사랑'에 가까운 개념이다. 그래서 공정한 분배가 아니라 약자—고아, 과부, 이방인, 가난한 자, 죄수, 노예, 병자, 이방인 등—를 향한 배려와 돌봄을 강조한다. 일반적으로 빌려준 값에 대한 이자를 받는 것은 합법적인 정당한 행위로, 다른 사람보다 먼저 일을 시작한 자가 더 많은 품삯을 받는 것은 공정하게 여겨지고, 그리고 아흔아홉 마리를 두고 잃은 한 마리를 찾으러 나가는 것은 합리적이지 못한 판단으로 여겨진다. 하지만 하나님의 '정의'는 생명과 은혜 그리고 사랑에 가치를 두기 때문에, 약자를 배려하여 이자를 받지 않고, 모두에게 약속한 대로 품삯을 주고, 그리고 하나의 생명이지만 귀하게 여기고 잃은 양을 포기하지 않고 찾아 헤맨다. 즉 하나님의 정의는 약자의 필요를 채워주고 지속해서 돌보는 사랑이고, 약자를 억압하고 착취하는 자를 저주하는 심판이고, 약속한 바를 성실히 이행하는 은혜이고, 그리고 그리스도 안에서 올바른 질서를 세워나가는 통치이다. 그리고 이것이 세상과 다른 하나님의 공정함이고 공평함이다.

하나님의 공평은 자격이나 가치에 따른 공정한 분배에 있지 않고 연약함과 약속 그리고 사랑에 있다. 강함은 다수의 희생을 통해 소수가 가지는 것이다. 하나님께서 강함을 배려한다면, 하나님은 힘을 가진 소수만을 위한 분이고, 다수에게는 불공평한 분이다. 하지만, 하나님은 약자의 연약함을 배려한다. 왜냐하면 연약함은 모든 인간의 공통된 부분이기 때문이다. 즉 높은 산에는 소수만이 발자국을 남기지만, 낮은 산에는 모든 이가 발자국을 남긴다. 연약함은 낮은 산과 같다. 왜냐하면 연약함에는 모든 이의 발걸음이 머물기 때문이다. 다시 말하면 누구나 연약함을 가지고 있고 또한 언제든지 약자가 될 수 있다. 모두가 강한 자가 될 수는 없지만 누구나 연약한 자는 될 수가 있다. 따라서 약자를 배려하는 하나님의 정의는 모두에게 보이는 공평한 은혜이다. 그리고 하나님은 당신의 약속에 공평하다. 즉 하나님께서는 약속한 대로 주신다. 따라서 모든 인간은 하나님께서 약속한 대로 받는다. 하나님의 약속 앞에서 모두는 공평하다. 마지막으로 하나님은 사랑에 공평하다. 하나님은 사랑을 받은 만큼 되돌려 주거나, 혹은 사랑한 만큼 되돌려 받기를 바라지 않는다. 예수 그리스도는 우리가 아직 죄인 되었을 때에 우리를 위하여 죽으셨다(롬 5:8). 하나님의 사랑은 예수 그리스도의 십자가에서 모두에게 공평하다. 하나님은 연약함과 약속 그리고 사랑에 있어서 공평하기에 모든 인간에게 차별이 없다. 따라서 예수 그리스도 안에서 믿음으로 의롭게 여김을 받은 인간이 세상에서 정의롭게 사는 것은 구원과 은혜와 그리고 사랑에 있어서 하나님의 공평함과 공정함을 증명하는 증인이 되는 것이다.

'정의'는 '하나님의 의도대로 인간이 존재하는 것이다.' 즉 십자가에서 드러난 하나님의 '의' 안에서 인간이 처음부터 하나님께서 의도한 회복된 존재로서 하나님께서 의도한 삶을 사는 것이 정의이다. 따라서 '정의'는 하나님께서 근원이 되고, 예수 그리스도께서 이 땅에서 행한 일이고(눅 4:17-19, 눅 7:22), 그리고 십자가를 지고 그리스도를 따르는 모든 이들의 마땅한 삶이다.

(2) 칭의

'칭의'의 개념을 따로 구분하여 이해하는 것은, 아직 구원이 완성된 것이 아니기 때문이다. '의'는 하나님의 구원하시는 '정의'이지만 곧바로 구원은 아니다. 하나님의 '의'가 그리스도를 통해서 드러났고, 예수 안에서 모든 믿는 자는 하나님의 '의'가 정의되어 의롭게 여김을 받는다. 이는 구원이 된 것이 아니라, 구원 안에 거하는 것이다. 여전히 구원의 완성을 향해서 가는 여정 가운데 있다. 즉 하나님의 '의'가 드러나는 주제에서 하나님의 '의'를 드러내는 주제로 옮겨진다. 그래서 하나님의 '의'에 거하는 자는 "하나님과 세상 사이에 놓인 분쟁 가운데 뛰어들게"(롬 8:18-39) 된 것과 같다. 그리스도 안에서 믿음으로 의롭게 여김을 받고 하나님과 화평하게 되었기 때문에 삶에서 육체의 죄성(The Body, 갈 5:17-17), 타락한 세상(The World, 요일 2:15-16), 사탄(The Demon, 벧전 5:8-9)과의 분쟁이 본격화된다.

2. 하나님의 의를 드러내다

세상에는 당연한 귀결의 원칙이 있다. '콩 심은 데 콩 나고, 팥 심은 데 팥이 난다'와 같은 속담처럼 당연한 결과가 예상되는 경우이다. '믿음' 역시 당연하게 예상되는 순서의 원칙을 가진다. 하나님께서는 예수 그리스도를 통해서 당신의 의를 드러낸다. 즉 하나님은 "자기도 의로우시며 또한 예수 믿는 자를 의롭게"(롬 3:26) 한다. 그리고 믿음으로 의롭게 된 자는 의롭게 산다. 즉 예수 그리스도를 믿는 믿음 안에서 의롭게 사는 것은 당연한 귀결이다. 물론 당연한 귀결이라고 해서 수고나 어려움이 없다는 말은 아니다. 예수 그리스도 안에서 의롭게 여김을 받았지만, 세상의 유혹 가운데서 살아가기 때문에 수고와 어려움은 존재한다. 하지만 그럼에도 불구하고 의로운 자는 그의 정체성이 '의'이기 때문에 의롭게 살아간다. 예를 들면, 사과나무 씨를 심으면 사과나무로 자란다. 씨가 자라서 나무가 되는 것은 아무런 어려움이 없는 과정이 결코 아니다. 비바람이나 병충해와 같은 어려움을 이겨내야만 한다. 하지만 사과나무 씨는 잠재적으로 사과나무이기 때문에 이 모든 어려움을 이겨내고 당연히 사과나무로 자란다. 병충해로 인해서 중간에 배나무로 자라거나, 혹은 비바람이 심해서 중간에 선인장이 되는 일은 없다. 이러한 당연한 귀결에 의문을 가지고 토론의 필요성을 제시하는 이는 아무도 없다. 그리고 이러한 당연함은 신앙의 차원에서도 마찬가지이다.

십자가에 달린 그리스도를 따르는 자는 믿음 안에서 의롭게 되었기에 당연히 의롭게 산다. 그리스도 안에 거하기를 스스로 포기하지 않는 한, '의'라는 정체성은 바뀔 수 없다. "의인은 믿음으로 말미암아 산다"(롬 1:17)는 바울의 고백은 예수 그리스도 안에서 의롭게 된 자는 의롭게 산다는 선언이다. 그리고 이렇게 당연하게 예상되는 과정은 역순에도 해당한다. 즉 '믿음이 있으면 행함이 있다'는 당연한 흐름처럼, 그 역순인 '행함이 없으면 죽은 믿음'(약 2:17)인 것 역시 당연하다. 그래서 야고보는 "선을 행할 줄 알고도 행하지 않으면 죄"라고 한다. 왜냐하면 선을 알고도 행하지 않는다는 것은 '선' 안에 거하고 있지 않음에 대한 당연한 증명이기 때문이다. 따라서 의롭게 살지 못하는 자는 의롭지 않은 것이고, 이는 그리스도를 믿는 믿음 안에서 거하지 않는 것이다. 그런데 이 역순의 증명에 위험이 숨어 있다. 왜냐하면 인간은 본능적으로 자기의 죄나 불의를 드러내기보다는 숨기기 때문이다. 불의를 숨기는 인간의 본능은 자기를 돌아보고 의로운 하나님과 다시 화평해지고자 노력하는 것이 아니라, 하나님으로부터 도망가고 적당한 거리에서 숨기에 힘쓴다. C. S. 루이스에 의하면, 인간이 불의를 드러내고 다시 의롭게 되고자 함이 아니라 계속해서 죄를 감추고 불의를 다른 모양으로 가장하며 숨는다면 스스로 의로운 하나님의 원수가 되기를 선택하는 '끔찍한 곤경'에 빠진다. 이 '끔찍한 곤경'에서 인간은 하나님 없이도 살 수 없고, 하나님과 더불어 살 수도 없는 불안한 상황에 던져지게 된다. 따라서 의롭게 여김을 받은 인간의 상태는 그리스도 안에서 늘 머물러야 하는 불안한 상태임을 인정하고, 하나님과 화평하기 위해 정직함과 진실함으로 항상 깨어있어야 한다.

  C. S. 루이스는 "하나님을 사랑하는 게 쉬운 일인가?"라는 친구의 물음에 "사랑하고 있는 이들에겐 쉽지"라고 대답하였다. 맥락이 없이 사랑한다는 것은 부자연스럽고 결코 당연한 일로 여겨지지 않는다. 하지만 서로 사랑의 관계 안에 있는 자에게 사랑하는 것은 자연스럽고 당연한 일이다. 그러므로 십자가에서 드러난 하나님의 '의'가 되는 예수 그리스도 안에서 믿음으로 의롭게 여김을 받은 자는 당연히 하나님의 '의'를 드러낸다. 그리스도 안에서 새것이 되었기에 이전의 헌 것의 삶을 지속하지 않고 새로운 삶을 사는 것(고후 5:17)은 자연스럽고 당연하다. 그리고 칼 바르트는 이것을 '증인의 삶'이라고 한다.

  예수 그리스도 안에서 의롭게 여김을 받은 자가 삶을 통해서 하나님의 의를 드러내는 것은 바로 증인 된 삶이다. 칼 바르트에 의하면, 하나님 나라의 증인은 "하나님의 의에 상응하는, 하나님의 의를 증명하고 있는 인간적 의를 드러내는 자"이다.

정당성(칭의, Justification)

정당성(칭의, Justification)은 법적 용어로는 판결문에 해당한다고 볼 수 있다. 즉 십자가에서 선포된 판결문이다. '정당성(Justification)'은 십자가에서 인간의 죄가 속하여졌고(Forgiveness) 그리스도 안에서 의롭게 됨(Righteousness)을 선포하는 판결문이다. 그리고 '죄'에 있어서 그리고 '의'에 있어서 정당하다는 판결은 하나님과의 화평(롬 5:1)을 가능하게 한다. 죄로 인한 불의로 하나님과 평화할 수 없었던 인간이 하나님과 함께 즐거워하며 화평을 누릴 수 있게 된 것이다. 그리고 이것이 십자가를 통한 하나님의 의도이다.

따라서 십자가를 통해 이루어진 정당성(Justification)은 하나님께서 인간이 당신의 의도대로 세상에서 존재할 것을 선포하는 판결문이고, 또한 하나님의 의도대로 계속해서 세상에 존재하라는 요구이다.

미가 선지자는 하나님께서 요구하는 것은 바로 '정의를 행하며 인자를 사랑하며 겸손하게 하나님께 행하는 것'(미 6:8)이라 선포한다. 즉 정의롭게 살 것을 요구한다. 그리고 인간이 정의롭게 사는 것은 그리스도 안에서 '죄'와 '의'에 대하여 정당하다는 하나님의 판결(Justification)을 수용하고 하나님과의 화평의 관계 안에서 머무는 것이다.

'옳고 그름'에 대한 이해

신앙생활과 윤리적 삶 모두 '옳고 그름'에 대한 이해 위에 세워진다. 즉 '옳고 그름(혹은 선과 악)'은 그리스도인의 신앙에서뿐만 아니라 비그리스도인의 삶에서도 중요하게 여겨진다. 문화와 시대를 막론하고 옳은 행동은 좋은 삶과 연결하고 옳지 못한 행동은 불행한 삶과 연결한다. 당연히 도둑질이나 폭력과 같은 것들이 인간을 행복하게 하거나 사회를 건강하게 하지 않는다. 그러나 바른 생각과 행동은 행복한 삶과 건강한 사회를 세우기 때문에 바른 생각과 행동을 요구한다. 바른 생각과 행동을 위해서는 '옳고 그름'에 대한 이해와 기준이 선행되어야 한다. 따라서 모든 사회에는 '옳고 그름'에 대한 어느 정도의 동의와 합의가 있다. 만약 '옳고 그름'에 대한 기준이 제각각이고 모호하다면 결국은 아무도 바른 삶을 살지 않는 무질서로 가게 된다.

(1) '옳고 그름'에 대한 기독교적 관점과 도덕적 관점

그리스도인의 신앙생활에서 '옳고 그름'에 대한 이해는 더 중요하게 여겨진다. 왜냐하면 그리스도인의 '옳고 그름'은 '축복과 저주(혹은 심판)'라는 결과와 연결하여 이해되기 때문이다. 그리스도인의 의로운 삶, 혹은 정의를 행하는 삶 역시 '옳고 그름'과 연결된다. 하나님께서 옳다고 여기는 바대로 사는 삶, 즉 선한 삶은 의로운 삶이고, 정의를 행하는 삶이다. 반면에 하나님께서 옳다고 인정하지 않는 삶은 곧 불의한 삶이다. 따라서 그리스도인이 예수를 믿는 믿음 안에서 바르게 살기 위해서 먼저 기독교적인 '옳고 그름(혹은 선과 악)'에 대한 기준과 그리고 세상에서 일반적으로 바라보는 '옳고 그름(도덕이나 윤리)'에 대한 시각과는 어떤 차이가 있는지를 이해하는 것은 매우 중요하다.

『Doing the Right Thing』에서, 저자 스캇 래(Scott. B. Rae)는 '옳고 그름'에 대한 기독교적 관점과 도덕적 관점의 차이를 먼저 '일관성(Coherence)'에서 찾는다. 기독교적 관점에서 '옳고 그름'은 초월적인 근원(하나님)에서 기원하고, 기준 역시 초월적 근원, 곧 하나님의 속성과 말씀(예수 그리스도를 통해 계시된 말씀)이 된다. 하나님께서 '서로 사랑하라'(요 13:34)고 명령하신 것은 사랑이 세상을 잘 돌아가게 하기 때문이 아니라 하나님의 속성이 사랑(요일 4:16)이기 때문이다. 하나님의 모든 명령은 그의 속성에 의해 제한받는다. 그래서 기독교적 '옳고 그름'은 객관적이다. 어떤 시대적 배경이나 문화의 영향 혹은 상황에 의해 기준이 바뀌지 않고, 그리고 인간이 '옳고 그름'에 대해서 감정적으로 어떻게 느끼는지에 영향을 받지 않는다. 따라서 기독교적 '옳고 그름'은 상대적(Relativism)이거나 주관적(Subjectivism)이지 않고 일관된다. 그리고 객관성, 일관성 그리고 어느 곳에서나 동일하게 적용되는 보편성으로 인해 진리인 것이다.

반면에 일반적인 도덕의 관점에서 '옳고 그름'은 인간의 이성에 의한 창조물이라고 본다. 때문에 시대적 상황이나 문화적 환경, 그리고 인간의 상황에 영향을 받는다. 그래서 상대적이고 주관적이고 일관적이지 않다. 원래 도덕은 인간의 이성에 의한 지식의 차원인데, 현실에서는 상대주의와 주관주의의 영향으로 기준이 혼잡해졌다. 상대주의(Relativism)는 도덕이 '사실'이 아니라 '의견'의 차원이 되게 한다. 그래서 도덕적 문제로 인해서 자신이 희생자가 되었을 때는 의견이 바뀌듯이 도덕적 올바름에 대한 기준이 바뀌게 된다. 그리고 주관주의(Subjectivism)는 인간이 느끼는 감정을 우선시한다. 그래서 도덕적 '옳고 그름'이 '인간의 취향이나 선호 혹은 경험'의 영향을 받게 된다. 예를 들면 동성애의 경우 기독교적 기준으로는 객관적이고 일관되게 반대한다. 하지만 동성애에 대한 도덕적 접근에는 주관주의가 작용한다. 선호와 비선호 혹은 취향과 비취향이라는 주관주의적 시각이 도덕적 올바름이라는 판단에 영향을 준다. 그래서 무엇이 옳다거나 혹은 그르다고 판단하기가 매우 혼란하고, 일관적이지도 않고 보편적일 수도 없다. 도덕이 객관적이지 않고 상대주의와 주관주의의 영향 아래에 있게 되면 결국 '힘'에 의해 해결이 된다. 도덕이 힘의 지배를 받게 되어, 힘이 있는 자의 의견과 선호가 곧 도덕적 기준이 되는 것이다. 이것은 오늘날 포스트모더니즘(postmodernism) 시대에서 도덕적 '옳고 그름'을 논할 때 쉽게 경험하는 혼잡이고 어려움이다.

또한 스캇 래(Scott. B. Rae)는 '옳고 그름'에 대한 기독교적 시각과 도덕적 시각의 차이에 대한 이유로 자연법(Natural Law)의 기원에 대한 이해의 차이를 든다. 자연법(Natural Law)은 그리스도인이든 비그리스도인이든 모두가 가지는 공통된 기준이다. 자연법에는 상대주의적 관점이나 주관주의적 관점이 영향을 미치지 못한다. 예를 들어, 살인과 간음이나 혹은 납치와 같은 것은 고대부터 오늘날까지 문화나 혹은 특정 상황과 무관하게 모두에게 이견이 없이 옳지 못한 것으로 여겨진다. 이 문제에 상대주의를 내세우며 다른 의견을 말하거나 주관주의적 관점 위에서 자신의 선호나 취향을 강조하며 이견을 말한다면, 이는 논의나 토론의 문제가 아니라 치료의 문제로 넘어가는 것이다. 따라서 자연법은 객관적이고 일관적이고 그리고 보편적이다. 그러나 자연법을 두고 기독교적 관점과 도덕적 관점의 차이는 그것의 기원(Origin)에 있다.

　기독교적 관점에서 자연법은 역시 초월적 존재인 하나님에게서 기원한다. 즉 하나님께서 당신의 피조물인 인간과 모든 세상에 하나님을 알만한 것을 두셨다고 본다(시 19:1). 하나님께서 인간의 마음에 당신의 법을 두셨고(롬 1:19, 롬 2:15, 양심) 역시 세상에 당신의 명령을 새겨 두셨다(자연법)고 믿는다. 특히 인간은 하나님의 형상대로 창조되었기에 비록 타락하였을지라도 하나님의 선한 속성이 그 안에 내재되어 있다. 따라서 자연법은 하나님께서 인간과 모든 세상을 창조하였다는 것에 대한 증거이고, 모든 창조물에 내재된 하나님의 지혜이다.

　반면에 세상에서는 도덕(자연법)을 진화론적인 시각으로 이해한다. 도덕은 인간의 마음이 아니라 인간의 유전인자(Genes)에 쓰여 있다고 본다. 즉 도덕은 진화의 부산물이다. 사회생물학자인 윌슨(E. O. Wilson)은 '윤리적 코드는 생물작용과 문화의 상호작용을 통한 진화에 의해서 생긴다'고 주장한다. 그리고 이렇게 발생된 도덕적 유전인자가 후손에게 이어진다고 본다. 유전된 도덕적 인자는 변하지 않지만, 적용은 고정되지 않고 발전(진화)한다. 철학자인 마이클 루스(Michael Ruse)는 '도덕은 단지 생존과 번식을 위한 수단이고, 더 깊은 의미를 가진다는 말은 환상'이라고 주장한다. 두 학자 모두 '자연선택'을 기반으로 한 진화론적 입장으로 도덕을 바라본다. 즉 상호 간의 도덕적 행동이 생존과 번식에 도움이 되었다는 것이다. 그래서 도덕적 행동을 한 동물은 살아남아서 계속해서 번식하고, 그렇지 않은 동물은 살아남지 못하게 된다. 이러한 자연선택을 거쳐 도덕적 유전인자가 후손으로 이어지게 된다. 그러나 동시에 도덕에 대한 이러한 진화론적 입장은 '자연선택'이라는 자신의 이론으로 도리어 공격을 받는다. 왜냐하면 자연선택은 철저하게 자기의 생존과 번식에 이익이 되는 방향으로 이루어지는데, 양보나 희생과 같은 도덕적 개념들은 결코 자기의 생존과 번식에 이익이 되는 행동이기보다는, 당장 생존과 번식이 위협받는 행동이기 때문이다.

(2) '옳고 그름'에 대한 기준이 되는 조건

'옳고 그름'에 대한 기독교적 시각을 반대하는 입장의 주장은 도덕은 믿음에 의해서 결정될 수 없다는 것이다. 하지만 '옳고 그름'에 대한 기준은 객관적이고, 일관적이고 그리고 보편적이어야 한다. 그렇지 않으면 이해관계가 개입하게 되고, 그리고 이해관계는 힘에 의해 결정된다. 자연선택에 의해 결정되는 도덕이 유전된다는 주장은 어떤 면에서는 '힘(살아남은 유전인자)'에 의해 도덕이 결정된다고 보는 것과 같다. 그리고 환경이나 상황에 의해서 도덕적 유전인자가 다르게 적용(진화)이 되는 것 역시 상대주의나 주관주의와 같이 일관적이고 보편적이라 볼 수는 없다.

마이클 샌델(Michael Sandel)은 그의 책 『정의란 무엇인가』에서 '정의'와 관련해서 세 가지 기준—미덕, 자유 그리고 복지의 극대화—을 제시하고, 적용의 역동성을 설명한다. 여기서 "역동성"이라고 표현한 것은 정의는 상황에 가변적이며 또한 적용에 다양할 수밖에 없고, 도리어 객관적이고 일관적인 정의는 인간의 자유를 제한하고, 일정 부분 삶의 복지를 포기하게 만든다고 이해하였기 때문이다. 그렇다면 결국 정의에 대한 물음은 '무엇이 옳은가?'라는 고민이라기보다 '무엇이 좋은가?'라는 선택으로 받아들여진다. 그리고 '좋은 것'이 곧 '옳은 것'이고, 그리고 '좋은 것'은 자유에 따라 지극히 개인적이고, 이익에 따라 주관적일 수밖에 없다. 그래서 오늘날 포스트모더니즘 시대의 정의에 대한 진단이 이러하다.

개인적인 생각으로는 마이클 샌델(Michael Sandel)이 정의에 대해서 설명하기 위해 제시하는 세 가지 기준(미덕, 자유, 복지의 극대화)과 상황이나 이익에 따라 서로 간에 이루어지는 적용의 역동성은 스캇 래(Scott. B. Rae)가 설명하는 일반적인 '옳고 그름'에 영향을 미치는 요소(자연법, 상대주의와 주관주의)와 생존과 번식에 따른 '자연선택' 이론과 일맥상통하는 설명으로 보인다. 결국 정의에 대한 논쟁은 '정의를 위해서 인간을 제한하느냐?'와 '인간을 위해서 정의를 제한하느냐?' 사이의 다툼이다. 왜냐하면 보편적이고 객관적인 정의는 자유와 이익에 대한 희생을 요구하고, 반면에 자유롭고 이익을 추구하는 인간은 스스로 옳고 그름을 선택하기를 원하기 때문이다.

물론 기독교적 관점에서 정의는 하나님의 속성이다. 하나님의 속성은 제한될 수 있는 것이 아니다. 그렇기 때문에 인간의 자유와 이익에 따라서 하나님의 속성인 정의가 제한될 수는 없다. 오히려 하나님의 속성에 의해 인간이 제한된다. 따라서 정의는 보편적이어야 하고, 그래서 객관적이고 일관적인 '옳고 그름'에 대한 기준, 곧 하나님의 말씀(예수 그리스도를 통해서 계시된 말씀)을 기준으로 한다.

모든 기준은 힘에 의해 결정된다. 자유는 선택하는 힘을 가지는 것이다. 그리고 선택하는 힘을 가지고 각자의 가치를 결정한다. 그런데 각자의 가치가 충돌하게 되면, 힘을 더 가진 자의 가치가 기준이 된다. 그렇게 되면 정의는 모두에게 해당되는 것이 아니라, 다수를 희생하여 소수를 위한 것이 된다. 이것은 정치적으로 왕정국가의 모습이다. 왕은 가장 큰 힘을 가진 자이다. 왕이 역량을 가지고 가치를 선택하고 기준을 세운다. 하지만 문제는 누구도 완전하지 않고, 어떠한 선택도 완벽하지 않다는 것이다. 그런데 만약 왕이 완전하고 그가 세우는 기준이 완벽하다면 상황은 달라진다. 절대적인 왕이 완전한 사랑으로 완벽한 기준을 세운다면, 그래서 생명과 사랑, 약속을 기반으로 객관적이고, 일관적이고 그리고 보편적인 정의로 통치한다면 이야기가 달라지는 것이다. 이것이 기독교적 정의에 대한 관점이다.

모두의 정의를 위해서 객관적·일관적·보편적인 기준을 세상과 인간에게서 찾는다는 것은 불가능하다. 결국 '옳고 그름'의 기준은 불변하고 일관된 초월적인 근원 안에서 발견하고 세워야 한다. 즉 진정 바른 삶을 위해서는 진리 위에 서 있어야 하고, 의롭게 되기 위해서는 '의(의로우신 하나님)' 안에서 거해야 하고, 그리고 정의를 행하기 위해서는 '정의(정의로우신 하나님)'와 동행해야 한다.

플라톤은 그의 『국가론』에서 "기게스의 반지(Ring of Gyges)"에 대해 이야기한다. 어느 날 양치기 기게스는 들판에서 양들에게 풀을 먹이다가 지진을 겪는다. 이에 커다란 구멍이 생겼고 호기심에 의하여 안으로 들어가게 된다. 동굴 안에서 거인의 시체를 발견한 뒤, 손가락에 끼워진 금반지를 챙겨 나왔다. 자기 손가락에 끼우고 돌리자 투명해진다는 사실을 알게 된다. 기게스는 우연히 갖게 된 힘(보이지 않게 하는 힘)으로 왕비와 부적절한 행동을 했다. 결국엔 왕을 죽이고 왕비와 새로운 왕조를 세우게 된다. 양치기 기게스는 무엇이든 해낼 수 있는—행위에 대한 어떠한 책임도 필요 없는—힘을 갖게 된 것이다. 정의를 행하거나 불의를 행할 수도 있다. 하지만 그는 선택의 갈림길에서 불의의 길을 걷게 된다.

아무런 책임을 질 필요가 없이 무엇이든지 가능한 힘을 가졌을 때 어떻게 할 것인가? 선을 행할 수도 있고 불의를 행할 수도 있다. 어느 쪽을 행할지는 어떠한 사람인지에 달려있다. 즉 선한 자는 선을 행할 것이고, 불의한 자는 불의를 행할 것이다. 왜냐하면 선택은 단순히 행동의 차원이 아니라 존재(정체성)의 차원이기 때문이다. 따라서 정의 역시 행위의 차원이 아니라 존재하는 정체성의 차원이다. 정의로운 자는 정의를 행하고, 불의한 자는 불의를 행한다.

바울에 의하면, 성령에 거하는 자는 성령의 열매를 맺고, 육체를 따르는 자는 육체의 열매를 맺는다(갈 5:22-23). 인간이 의롭게 살기 위해서는 하나님(하나님의 의) 안에서 존재하고, 정의를 행하기 위해서는 예수 그리스도의 말씀 안에 거해야 한다. 의롭게 여김을 받은 자의 정의로운 삶은 의롭게 여긴 자의 정의 안에서 이루어지는 것이다.

'악'과 하나님의 정의

악(惡)은 태초부터 있었는가. 아니면 하나님께서 창조하였는가.

신앙생활에서 끊이지 않고 계속되는 질문이다. 그러나 두 질문 모두 받아들이기 힘들다. 선하신 하나님이 악과 함께 처음부터 존재한다는 것 역시 그의 무한하심과 절대 선(善)에 대한 훼손으로 받아들일 수 없다. 또한 선하신 하나님께서 악을 창조하였다는 것 역시 인정하기 힘들다. 더구나 창조는 목적을 두고 행하는 것인데, 아무리 '선'이라는 목적을 두었다고 하더라도 선을 위해 악을 창조한다는 것은 하나님의 신성에 대한 모독이다. 따라서 존재하는 악에 대해 우리는 어떤 식으로든 묻기가 힘들다. 때문에 '왜 악(惡)이 존재하는가'라는 물음은 해답지가 없는 문제지를 푸는 것처럼, 늘 인생의 걸음마다 꺼림직하게 맴돈다.

(1) '악'에 대한 고찰

창세기는 창조의 말씀으로 시작하는데, 그 시작되는 말씀에 본격적인 창조가 이루어지기 전의 원시 상태를 엿볼 수 있는 짧은 말씀이 있다. "혼돈하고 공허하며 흑암이 깊음 위에 있고 하나님의 영은 수면 위에 운행"(창 1:2)한다는 간단한 설명과 그리고 뒤이어 구체적인 창조의 말씀으로 이어진다. 혼돈(formless), 공허

(empty) 그리고 흑암(darkness 혹은 colorless)이라는 표현에서 삼위일체 하나님에 의해 본격적인 창조가 이루어질 때의 상황을 그려볼 수 있다. 모양, 내용 그리고 명도나 채색은 시간과 공간에서의 진행이라는 차원에서 설명되는 개념으로, 모양도 없고, 채워진 것도 없고 밝기나 색도 없다는 것은 아무것도 되지 않았고 또한 아무것도 없는 상태, 즉 '유(有)'가 시작되는 출발점에서 '무(無)'의 상태를 설명한다. 그리고 이어서 구체적인 창조에 대한 말씀이 나오기 전에 '수면'이라는 말이 나온다. 전통적인 해석에 따르면, 혼돈, 공허, 흑암 그리고 수면이라는 단어는 모두 부정적인 의미를 가진다. 특히 '흑암'은 빛의 상대적 개념으로 '빛'이 하나님을 가리킨다면 '흑암'은 반(反)하나님이라는 부정적 의미가 포함되어 있다고 본다.[6] '수면' 역시 성경에서는 긍정적인 의미뿐만 아니라 부정적인 의미도 가진다. 다니엘과 요한계시록에서 사탄이 바다(수면)에서 올라온다는 말씀에서 알 수 있듯이 '악'이 등장하는 부정적인 의미를 가지기도 한다. 따라서 반(反)하나님이나 악과 같은 부정적인 면은 '빛'을 시작으로 본격적인 창조가 시작될 때 이미 있었다. 그리고 하나님께서 그 위를 운행하고 계셨다. 물론 하나님과 '악'이 같이 존재할 수는 없다. 흔히 '선과 악(善惡)'이

---

6   WBC 『창세기 상』 주석 참조

라는 이분법적인 표현 때문에 마치 선한 하나님과 악이 태초부터 함께 존재하였다고 생각해서는 안 된다. 더욱이 하나님께서 악을 창조하였다고 볼 수도 없다. 다만 말하고자 하는 것은 '악'은 하나님의 창조물이 아니라 창조로 인한 불가피한 그림자이다.

창조가 행해지기 이전에는 당연히 하나님만 홀로 존재한다. 하나님은 스스로 존재하는 분(출 3:14)으로 존재의 시작이 있는 분이 아니라 존재 그 자체이다. 하나님만이 '완전함'으로 존재하는 상태이자 동시에 아무것도 없는 '무(無)'의 상태에서 창조가 이루어진다. 그래서 하나님의 창조는 무에서 유의 창조(Ex-nihilo)이다. 개념도 시간과 공간 안에서 존재하는 것이기 때문에, 창조 이전은 어떠한 것으로도 정의 될 수 없는 무한하고 완전한 하나님만 존재하는, 결국 어떠한 개념도 없는 '무(無)'의 상태이다. 그런데 창조로 인해 '무한'의 차원에 '시간과 공간'이 세워졌고, 그리고 '절대'의 법칙에 '가능성'이라는 틈이 생겼다. '절대'에서는 소위 '가능성'이라는 개념이 있을 수가 없다. 하지만 창조는 '유한'이라는 개념의 등장을 의미하기 때문에 동시에 '가능성'이라는 개념이 그림자처럼 생긴다.

'가능성'은 원래의 의도나 목적과 다르게 되는 것이다. 모든 창조는 선(善)을 목적으로 한다. 하나님께서는 '악'을 의도하며 창조하지 않는다. 하지만 창조로 인해 그림자처럼 생기는 '가능성'으로 인해서 모든 피조물이 '선'이라는 원래의 의도나 목적에서 벗어날 수도 있게 된 것이다. 그리고 이것이 '악'이다. 사랑이 변질되면 미움이 되듯이, 모든 피조물이 '선'이라는 원래의 목적과 의도에서 벗어나면 악이 되는 것이다. C. S. 루이스에 의하면 '선은 그 자체로 선일 수 있지만, 악은 그 자체로 악일 수가 없다. 악은 선이 부패한 것'이다. "처소를 떠난 천사"(유 1:6)나 "범죄한 천사들"(벧후 2:4)처럼 선이 부패한 것이 악이다. 원래 하나님의 의도나 목적에서 벗어나는 것이 '악'인 것이다. 따라서 악은 처음부터 하나님과 존재하였다고도 할 수 없고, 하나님께서 의도를 가지고 창조하였다고도 볼 수 없다. '선'이 그 의도와 목적에서 벗어난 것이다. 따라서 '악'은 창조 안에서 '선'의 그림자로 존재한다.

그림자는 만들어지는 것이 아니라 만들어진 물건에 의해서 자연스럽게 생기듯이, 악은 처음부터 존재하였다거나 혹은 하나님에 의해 창조된 것이 아니라, 하나님의 창조에 의해 자연스럽게 발생된 것이다. 따라서 세상에서 존재하는 '악' 때문에 하나님을 부정하고, '악'으로 인해서 하나님에 대한 믿음을 거부하는 것은 오히려 모순이다. 왜냐하면 나무의 그림자가 나무의 존재를 증명하듯이, 악은 도리어 하나님과 그의 창조를 증명하기 때문이다.

(2) 하나님의 정의

창조의 본질은 '유한'이다. 유한의 특성은 '가능성'이다. '가능성'은 원래의 모습과 다르게 될 여지, 즉 변화할 공간을 가진다. 변화는 양방향이다. 즉 진보일 수도 있고 퇴보일 수도 있다. 다시 말하면, '가능성'은 창조된 '시간과 공간' 안에서 역동성을 가진다. 이 역동성은 피조물이 원래의 의도나 목적을 잃고 변질되거나 타락하는 방향일 수도 있고, 동시에 원래의 모습으로 회복되는 방향일 수도 있다. 하나님께서는 '가능성'이라는 공간에서 원래의 목적과 의도를 벗어난 모든 피조물이 다시 원래의 모습으로 회복되는 방향으로 일을 한다.

'가능성'은 정체나 고정된 개념이 아니라 혼돈이고 유동[7]이다. 따라서 원래의 본질에서 벗어나 타락하고 부패하였다고 해서 마지막까지 악한 상태로 고정되어 지속되는 것이 아니라, 다시 원래대로 회복될 수도 있다. 이것이 바로 하나님의 정의이다. 톰 라이트는 『악의 문제와 하나님의 정의』에서 '하나님의 정의'는 하나님께서 원래 의도하고 목적한 대로 회복시키고자 하는 사랑이고 의지라고 설명한다. '가능성'의 공간에서는 두 가지가 모두 이루

---

[7] '혼돈'과 '유동'은 둘 다 정체되지 않고 움직이는 상태로, '방향성은 있으나 방향은 알지 못한다'는 의미를 가진다. 하지만 여기에서는 '혼돈'은 타락을 목적으로 두고 변질되는 방향으로의 움직임(무질서)으로 이해하고, '유동'은 원래의 의도를 목적으로 두고 회복하는 방향으로의 움직임(질서)을 가리키는 것으로 구분하여 이해한다.

어진다. 즉 창조로 인해서 발생된 '가능성'이라는 그림자로 인해 원래의 의도에서 벗어나 타락하여 '악'이 되기도 하지만, 동시에 하나님께서 원래의 선한 의도대로 회복시키는 하나님의 정의가 이루어지기도 한다. 그래서 '가능성'은 인간에게 절망을 주기도 하고, 희망을 주기도 한다.

성경을 통해서 살펴볼 수 있는 피조물의 역사는 '가능성의 공간'에서 이루어지는 다이내믹(Dynamic)이라고도 볼 수 있다. 하나님께서는 창조를 통해 피조물과 더불어 기뻐하고 이를 통해 영광을 받고자 하였지만 원래의 의도에서 벗어나 아담과 하와는 범죄하였다(창 3:1-3). 그래서 에덴동산에서 추방당하게 되고 더불어 모든 피조물 역시 저주를 받게 되었다. 사탄은 자기의 '악'을 인간에게 전하였고 인간의 '악'으로 인해서 모든 피조물이 저주받게 되었다. 하지만 하나님은 홍수심판으로 악을 제하고 노아와 가족들을 통해 다시 원래의 의도대로 회복시키고자 하였다. 이후 성경의 기록은 부패된 악과 다시 회복시키고자 하는 하나님의 정의 사이의 역동(Dynamic)으로 가득하다. 그리고 이러한 역동은 예수 그리스도께서 이 땅에 들어와 십자가에서 달려 죽는 사건으로 절정에 이른다. 인간의 죄를 대속하고 믿음 안에서 의롭게 하여 다시 하나님과 화평하게 하고자 십자가에 달린 예수 그리스도 안에서 '악'과 하나님의 정의 사이의 역동(Dynamic)이 절정(Climax)에 이른다. 그리고 이 절정(Climax)에 그리스도는 '악'의 세력을 무너뜨리고 하나님께로 향하는 희망의 가능성을 활짝 열어 놓은 것이다. 물론 회복의 길이 활짝 열렸지만, 희망에서 벗어나도록 하는 유혹은 여전히 계속된다.

하나님의 정의를 방해하는 세 가지 장애물

하나님은 예수 그리스도를 통해 세상이 당신이 창조할 때 원래 의도한 모습으로 회복되기를 원한다. 그러나 세상에는 하나님의 원하는 것과는 다른 방향으로 움직이는 유혹이 있다. 소위 '가능성'이라는 공간에서는 회복을 향해 움직이는 하나님의 정의와 부패와 타락으로 움직이는 악의 유혹이 충돌한다. 타락과 회복이 계속해서 교차하며 일어나는 역동이 있다. Clinton E. Arnold는 그의 책 『3 Crucial Questions about Spiritual Warfare』에서 십자가에 달린 예수 그리스도 안에서 하나님과의 완전한 회복으로 나아가는 인간을 유혹하여 하나님과 멀어지게 하고 죄를 범하게 하는 3가지 악(惡)의 형태—The Flesh, The World, and The Devil(엡 2:1-3)—에 대해서 논한다. 바울에 의하면 예수 그리스도께서 이 땅에 오기 전의 인간은 죄와 허물 가운데서 행하여 "세상의 풍조(The World)"를 따르고, "공중의 권세 잡은 자(The

Devil)"를 따랐고 "육체의 욕심을 따라 지내며 육체와 마음의 원하는 것(The Flesh)"을 하였다(엡 2:1-3). 즉 인간은 타락한 세상과 사탄 그리고 죄 된 육체의 연합 안에 붙잡혀 있었다.

이 세 가지 악의 고리에서 벗어나는 방법은 구원의 은혜를 주시는 예수 그리스도와의 연합뿐이다(엡 2:4-10). 그러나 십자가에 달린 예수 그리스도와의 연합을 통해서 세 가지 '악'에서 벗어났지만, 여전히 유혹은 존재한다. 다만 예수 그리스도 안에 거하는 인간은 더 이상 죄와 허물에 저항하지 못하는 노예의 상태가 아니기 때문에 악에 저항할 수 있다. 먼저 인간의 육체(The Flesh)는 악을 행하고자 하는 내적 성향을 가진다. 이는 인간이 죄로 인해 오염되었기에 죽는 날까지 계속되는 피조물의 본성이다. 그리고 타락한 세상(The World)은 인간이 살아가는 건강하지 못한 사회적 환경 ― 문화, 친구 관계, 가치, 전통, 철학, 태도 등 ― 을 의미하는데, 성경적 가르침과 반대되는 모든 경건치 못한 면들을 포함한다. 마지막으로 사탄(The Devil)은 지적이고 강력한 영적 존재로서 철저하게 악하고 인간이 타락하는 데 직접적으로 관여한다. 사탄은 에덴동산에서 아담과 하와에게 그러하였던 것처럼, 거부할 수 없는 모습으로 거절할 수 없는 말을 하며 인간을 유혹하고 하나님 앞에서 교만해지게 한다. 그래서 예수 그리스도의 말씀에 불순종하게 하고 스스로 은혜에서 멀어지게 한다.

성경은 그리스도인들에게 죄악 된 내적 성향, 세속적인 생각과 경건치 못한 문화의 영향 그리고 직접적인 사탄의 꾀임을 분별하고 계속해서 저항할 것을 요구한다. 인간은 타락한 본성과 경건하지 못한 문화 그리고 사탄에게서 숨을 수도 없고 이들의 유혹을 완전하게 해결할 수도 없다. 해결할 수도 없고, 피할 수도 없고 교묘한 유혹이 지속되는 상황에서 많은 경우 무너지기를 선택한다. 그래서 언제인지도 모르게 하나님의 은혜에서 멀어지게 된다. 따라서 잠시라도 그리스도의 십자가를 내려놓지 않도록 깨어 근신하여야 한다. 악에 대항하는 인간의 저항에서 하나님의 정의가 드러난다.

3. 정의롭게 살다

하나님의 정의는 약자를 옹호하는 배려이고, 새로운 질서를 세우는 통치이고, 그리고 인간을 구원하는 사랑이다. 그리고 예수 그리스도께서 삶으로 하나님의 정의를 보였다. 믿는 자마다 멸망치 않고 영생을 얻게 하려고(요 3:16) 이 땅에 들어와 가장 낮은 곳에서 소외된 자들과 어울리고 함께 거하며, 가난한 자에게 복음을 전하고 포로 된 자에게는 자유를, 눈 먼 자에게는 다시 보게 함을 전파하고 눌린 자를 자유롭게 하는 삶을 살다가(눅 4:17-18) 십자가에서 죽었다. 예수 그리스도는 하나님의 '의'로 이 땅에 들어와 정의로운 삶을 살았다. 그리고 모든 이에게 자기의 십자가를 지고 의로운 모습으로 정의로운 길을 걷기를 요구한다. 따라서 그리스도 안에 있는 모든 이에게 정의는 단순히 더 나은 삶을 위한 덕목이 아니라, 부름을 받은 자의 운명과 같은 것이다. 하나님은 예수 그리스도를 따르는 모든 이들에게 불의를 삼가고 악을 미워하며 죄와 허물에서 벗어나 "오직 정의를 물 같이 공의를 마르지 않는 강같이"(암 5:24) 흐르는 삶을 명령한다.

그리스도인의 정의로운 삶의 모습

아모스 선지자는 정의(Justice)와 물(river) 그리고 공의(Righteousness)와 마르지 않는 강(a never-failing stream)을 서로 짝을 이루어 설명하며, 하나님의 백성은 '계속해서 흐르는 강'처럼 정의로워야 함을 강조한다(암 5:4).

멈추지 않고 계속해서 흐르는 강이 가지는 몇 가지 의미가 있다.

첫째, 강이 흐르는 것은 당연하고 자연스럽다. 강이 흐르는 것을 보고 누구도 예외적인 특별함을 느끼지는 않는다.

둘째, 강은 높은 곳에서 낮은 곳으로 흐른다. 높은 곳으로 거슬러 흐르는 강은 없다.

셋째, 멈추거나 고여 있지 않고 계속해서 흐르는 강은 깨끗하다. 고여 있는 물은 곧 썩는다. 하지만 계속해서 흐르는 물은 썩지 않고 깨끗함을 유지한다.

넷째, 계속해서 흐르는 물은 바위를 부수고 거친 돌을 다듬는 힘이 있다.

다섯째, 흐르는 강은 생명의 근원이 된다. 많은 나무가 자라 열매를 맺고 물고기와 같은 생명이 있게 하고, 또한 모든 생명 있는 것들에게 깨끗한 물을 공급하여 마시고 건강하게 살게 한다. 즉 살기 좋은 환경을 만든다.

여섯째, 흐르는 강은 한 곳에 모인다. 그래서 바다를 이루어 하나가 된다.

일곱째, 흐르는 강의 길이 막히거나 혹은 홍수로 인해서 범람할 때는 재해가 되어 큰 피해가 된다. 하지만 피해로 끝나지 않고 강의 범람은 토지를 비옥하게 하여 농사가 잘되게도 한다.

이렇게 멈추지 않고 흐르는 강이 가지는 의미를 일곱 가지로 열거하였다. 그리고 아모스 선지자는 세상에서 정의를 행함이 이와 같아야 한다고 설명한다. 그래서 흐르는 강이 가지는 의미와 대칭하는 하나님의 정의에 대해서 설명하면 다음과 같다.

첫째, 강이 흐르는 것은 당연하고 자연스럽듯이, 예수 그리스도 안에서 의로운 자들이 정의롭게 사는 것은 당연하고 자연스럽다. 이는 윤리와의 근본적인 차이이기도 하다. 윤리적 삶이 어떠한 이상향을 두고 노력하는 의지라면, 그리스도인의 정의로운 삶은 의지가 아니라 정체성이다. 예를 들면, 윤리적인 삶이 황새를 따라가고자 하는 뱁새의 의지라면, 그리스도인의 정의로운 삶은 황새가 자기의 걸음을 걷는 것이다. 따라서 십자가에서 드러난 하나님의 '의' 안에서 새 생명을 사는 그리스도인이 정의롭게 사는 것은 당연하고 자연스럽다.

둘째, 물이 높은 곳에서 낮은 곳으로 흐르듯이 하나님의 은혜 역시 낮은 곳으로 흐른다. 그래서 하나님의 정의는 인간의 연약함을 살핀다. 따라서 그리스도인의 정의로운 삶은 약자(고아, 과부, 나그네, 소외된 자, 가난한 자, 억울한 자 등)를 배려하고, 지지하고 돌보는 것이다.

셋째, 계속해서 흐르지 않고 고여 있는 물은 썩게 되듯이, 그리스도인이 정의로운 삶을 살지 않으면 하나님의 '의'에서 벗어나게 된다. 결국 물이 썩듯이 타락하게 된다.

넷째, 흐르는 강은 바위를 깨고 돌을 다듬는 힘이 있는 것처럼 그리스도인의 정의로운 삶은 미성숙함을 다듬고 불의와 악을 심판한다.

다섯째, 물은 생명의 근원이다. 강이 흐르는 곳마다 생명을 소성하게 하듯이 그리스도인은 정의로운 삶을 통해 은혜의 강을 이룬다. 사회를 부요하게 하고, 경건한 사회질서를 세우고, 그리고 영혼을 구원한다.

여섯째, 강은 바다와 이어진다. 따라서 강을 이루며 흐르는 물은 바다로 흘러 들어가 함께 거한다. 이처럼 하나님의 정의를 드러내는 삶은 하나님 나라로 이어진다. 그래서 예수 그리스도 안에서 정의로운 삶을 사는 그리스도인은 하나님의 나라에서 함께 거하게 된다.

일곱째, 흐르는 물을 막아두면 넘쳐 피해가 되고, 또한 외부에서 지나치게 유입될 때 역시 피해가 된다. 이처럼 은혜가 타인과 세상을 향해 흘러가지 못하게 붙들어 자기의 삶에 머물게 하면 도리어 저주가 된다. 또한 하나님의 말씀이 아닌 세상의 지식이나 문화의 유입 역시 삶에 저주가 된다. 하나님의 정의는 타인과 세상의 유익을 위한다. 자신만을 위해 정의를 부르짖는다면 도리어 저주가 된다. 그리고 하나님의 정의의 기준은 하나님의 속성과 예수 그리스도를 통해 계시된 말씀이어야 한다. 그렇지 않고 세상의 지식이나 문화의 지나친 유입 역시 저주가 된다.

하지만 희망이 사라지지는 않는다. 강의 범람이 땅을 비옥하게 하듯이, 시험이 더하는 곳에 은혜가 더한다. 하나님의 정의는 결코 사라지지 않는 희망을 세상에 심는 것이다.

멈추지 않고 흐르는 강(River)이 가지는 특성에 상응하는 그리스도인의 정의로운 삶의 모습이다. '십자가를 지고 나를 따르라'는 예수 그리스도의 명령은 위에서 일곱 가지로 설명된 정의로운 삶에 대한 요구이다. 그리고 예수 그리스도께서 부활하고 하나님과 함께 거함으로써 '멈추지 않고 흐르는 강' 같은 삶의 여정을 직접 본을 보였다.

정의는 예수 그리스도의 전 생애에 담겨 있는 하나님의 의도이다. 하나님은 예수 그리스도를 통해서 화해와 화평, 불의에서 의로 전환되는 새로운 질서 그리고 믿음을 통한 구원을 작정하였다. 그리고 하나님은 성령을 통해서 인간이 예수 그리스도의 본을 따라 '멈추지 않고 흐르는 강'처럼 구원을 향한 정의로운 삶을 지속하도록 돕는다. 삼위일체 하나님은 모든 피조물이 하나님의 의도를 회복하도록 이끈다. 이것이 전 역사를 통해서 드러나는 하나님의 정의이다. 따라서 십자가를 지고 그리스도를 따르는 자는 하나님의 정의와 상응하는 정의를 드러내는 삶을 살아야 한다. 이것이 하나님 나라를 향한 임마누엘의 삶—예수 그리스도와 동행하는 삶—이고 동시에 마라나타의 삶—예수 그리스도인의 다시 오심을 기다리는 삶—이다.

약자에 대한 옹호

성경에서 하나님의 정의로운 모습은 약자에 대한 배려와 돌봄으로 많이 나타난다. 하나님은 고아와 과부를 위하여 정의를 행하고 나그네를 사랑하여 떡과 옷을 주는 분(신 10:17-18)이다. 하나님은 억눌린 자들을 위해 정의로 심판하고 주린 자들에게는 먹을 것을 준다. 갇힌 자들에게는 자유를 주고, 맹인들의 눈을 열고, 비굴한 자들을 일으키고, 나그네를 보호하고, 고아와 과부를 붙들고 악인들의 길을 굽게 한다(시 146:7-9). 예수 그리스도 역시 상한 갈대와 같은 연약함을 꺾지 않고 오히려 보살피는 분이다(사 42:1-4). 하나님은 약자의 필요를 채워주고 그들이 스스로 세상에서 역할을 감당하는 존재로 설 수 있도록 돌본다. 그리고 이를 통해 당신의 정의를 드러낸다.

성경에 나오는 인물 중에서 의인으로서 정의로운 삶을 산 대표적인 인물은 욥이다. 욥을 통해서 정의로운 삶을 가장 분명하게 엿볼 수 있다. 욥은 빈궁한 자의 아버지가 되었고, 모르는 사람의 송사를 돌보아 주었고, 그리고 불의한 자를 심판하였다(욥

29:16-17). 욥은 '의'가 마치 옷과 같았고, '정의'가 겉옷과 모자와 같은 삶을 살았다(욥 29:12-17). 사람이 항상 옷을 입고 다니듯이, 욥은 늘 정의로운 삶을 살았다. 그리고 하나님은 이러한 욥을 아끼고 자랑으로 여겼다.

욥을 통해서 분명하게 알게 되는 하나님의 정의는 약자를 돕고 돌보는 것이다. 그런데, 하나님의 정의는 약자를 돌보는 것이지만 사람에 대한 구제가 아니라 연약함에 대한 배려이다. 왜냐하면 약자를 돕는다고 해서 사람에게 집중하여 돌보게 되면 관계를 맺을 때 힘과 존재의 불균형이 생기기 때문이다. 즉 돌봄을 받는 약자는 하나님의 진노를 샀거나 혹은 하나님의 사랑을 받지 못하는 자로 여겨져 자칫 저주받은 자로 인식된다. 반면에 돌보는 자는 하나님의 사랑을 받는 축복의 대상으로 군림하게 된다. 하나님께서는 관계에서 이러한 불균형이 존재하는 것을 싫어한다. 따라서 약자를 돌보라는 하나님의 명령은 철저하게 연약함에 집중한다. 연약함은 모두가 가지고 있고, 또한 누구나 가질 수 있다. 약자를 돌봄에 있어서 사람에게 집중하면, 도움을 받는 약자는 도움을 베푸는 자와 구분되고 분리된다. 반면에 연약함이라는 약점에 집중하면, 연약함 안에서 돌봄을 받는 자와 돌보는 자가 서로 연합하여 하나가 된다. 그러므로 약자를 돌보는 하나님의 정의는 서로를 향해서 공감하는 자세를 가지고 연약함 안에서 서로 연합하고 하나가 되는 사랑이다.

새로운 사회질서

죄와 사망 아래에서 종노릇 하는 인간이 십자가에 달린 예수 그리스도로 인해서 의의 통치를 받는 자유인의 삶으로 전환된다(롬 6:14-18). 즉 예수 그리스도 안에서 새 생명 안에 거하며 새로운 삶을 살게 된다(골 1:13; 3:3, 엡 2:4-6). 이는 삶의 질서가 바뀜을 의미한다. 악의 지배를 받는 불의한 질서에서 의의 지배를 받는 선한 질서로 전환되는 것이다. 따라서 십자가에서 드러난 하나님의 '의'는 인간 삶의 질서를 새롭게 세운다. 그리고 예수 그리스도 안에서 불의가 아닌 의의 질서로 전환된 삶을 사는 인간은 세상에서 사회질서 역시 변화시킨다. 타락한 세상에는 공중 권세 잡은 자의 영향 아래에서 불의의 질서가 작용한다. 하지만 그리스도 안에서 의롭게 여김을 받는 자는 세상에서 하나님의 '의'를 드러내고 불의를 몰아낸다. 즉 그리스도인의 정의로운 삶은 세상에 존재하는 불의의 질서를 의의 질서로 전환시킨다. 의의 질서는 곧 하나님의 통치를 의미한다. 따라서 불의가 아닌 의의 질서로 전환된 세상은 하나님 나라가 된다.

이사야 선지자는 의의 질서가 세워진 시온 왕국 곧 하나님 나라에 대해서 설명한다.

"그 때에 이리가 어린 양과 함께 살며 표범과 어린 염소와 함께 누우며 송아지와 어린 사자와 살찐 짐승이 함께 있어 어린 아이에게 끌리며 암소와 곰이 함께 먹으며 그것들의 새끼가 함께 엎드리며 사자가 소처럼 풀을 먹을 것이며 젖 먹는 아이가 독사의 구멍에서 장난하며 젖 뗀 어린 아이가 독사의 굴에 손을 넣을 것이라. 내 거룩한 산 모든 곳에서 해 됨도 없고 상함도 없을 것이니 이는 물이 바다를 덮음같이 여호와를 아는 지식이 세상에 충만할 것임이니라"(사 11:6-9)

의의 질서가 세워진 하나님 나라에는 먼저 연약함이 없다. 가난도, 소외됨도, 버림받음도, 그리고 억울함도 없이 함께 풀을 먹고 장난하며 평화롭게 거한다. 그리고 희생이 없다. 표범과 사자와 그리고 곰이 자기의 배부름을 위해서 염소와 송아지를 희생시키지 않는다. 또한 적의와 불의가 없다. 적의를 가지고 서로 분리되지 않고 함께 거하고, 독사가 어린아이를 해치지 않는 것처럼 불의의 질서가 존재하지 않는다.

하나님의 정의는 서로 평화하고, 함께 거하며, 모두가 안전한 의의 질서를 세운다. 따라서 십자가를 지는 그리스도인은 타락한 세상의 불의의 질서에 순응하는 삶이 아니라, 타락한 세상에 의의 질서를 세우는 정의로운 삶을 산다. 그래서 이 땅에 하나님의 나라를 미리 선취하여 다가올 완전한 하나님 나라에서의 삶을 맛본다.

세상을 구원하는 연약함

예수 그리스도는 하나님이지만 그러나 하나님으로 이 땅에 오지 아니하고 스스로 낮아져 인간의 옷을 입고 가장 낮은 곳에서 가장 연약한 모습으로 태어났다. 그리고 소외된 자와 함께 권위 없는 자처럼 살았고, 버림받은 인간을 위해서 십자가에서 스스로 버림받았다. 세상을 구원하는 하나님의 능력은 인간으로 온 예수 그리스도 안에서 드러났고, 가난하고 연약한 삶을 통해서 전해졌고, 그리고 십자가의 형틀 위에서 이루어졌다. 하나님께서는 사막에서 피우는 꽃처럼 연약함을 통해서 당신의 정의를 드러내었다. 이는 하나님께서 강하지 않기 때문이 아니라, 하나님은 강하나 인간이 연약하기 때문이다. 만약 하나님께서 강하고 초월적인 능력으로 당신의 정의를 드러내었다면 하나님의 정의일 수는 있으나, 인간의 정의가 될 수는 없다. 하나님의 정의가 인간의 입장에서 감히 다다를 수 없는 초월적인 경지에 있다면 그래서 하나님의 정의가 인간으로서는 감당할 수 없는 차원이라면, 인간에게 있어 하나님의 정의는 그저 환상일 뿐이다. 때문에 예수 그리스도께서 인간의 몸으로 세상에 들어와 인간의 연약함으로 하나님의 정의를 드러낸다. 그리고 하나님의 정의를 예수 그리스도 안에 있는 인간의 정의가 되게 한다.

하나님께서 인간으로 온 예수 그리스도를 통해 당신의 의를 드러내고, 인간의 연약함으로 정의를 행한 것과 대조를 이루는 것이 바로 예수께서 광야에서 사탄에게 시험을 받는 사건이다. 사탄은 예수에게 세 가지 시험을 행한다. 먼저, 돌이 떡이 되게 할 것을 요구한다. 만약 예수께서 돌이 떡이 되게 한다면, 가난이 없어질 것이고 연약함에 대한 배려는 불필요하게 될 수 있다. 하나님의 정의가 약자에 대한 옹호이고 돌봄이라면 돌이 떡이 되는 상황에서 정의는 당장 이루어진다. 따라서 정의의 역할 가운데 약자에 대한 옹호와 지지는 더 이상 필요가 없다. 사탄은 예수 그리스도가 하나님이라면 배고픔과 가난의 문제를 당장 해결하고 하나님의 정의를 이룰 수 있을 것이라 유혹한다. 그러나 이는 속이는 것이다. 이 땅에는 가난한 자가 그치지 않을 것이라는(신 15:11) 말씀처럼 돌이 떡이 된다고 해서 현실에서 가난이 없어지지 않는다. 오히려 부자는 더 가질 것이고, 가난한 자는 더 늘어날 뿐이다. 그리고 두 번째 시험은 기적에 대한 유혹이다. 사탄은 예수를 성전 꼭대기로 데리고 가서는 뛰어내려 하나님께서 천사를 보내어 받게 할 것을 유혹했다. 만약 하나님께서 천사를 보내어 예수를 받게 하고 이 모습을 많은 사람이 보게 된다면, 예수에 대한 소문은 삽시간에 퍼질 것이다. 소문을 들은 사람들이 날마다 구름떼처럼 모여들어 예수께서 두루 다니며 복음을 전할 필요가 사라질 것이고, 예수의 입에서 나오는 진리를 누구도 의심하지 않을 것이다. 하나님의 정의가 구원을 이루는 정의라면 이러한 정의는 금방 이루어지게 될 것이다. 사탄은 예수께서 당신이 하나님이라면 신비를 드러내어 사람들로 하여 금방 믿게 할 것을 유혹한다. 그러나 이것 또한 속이는 말이다. 신비에 대한 소문은 사람들이 예수의 입에서 나오는 복음에 귀를 기울이게 만들지 않는다. 대신에 예수가 행하는 이적과 기사에만 관심을 두고 바란다. 결국에는 하나님의 신비가 무속의 그것과 다를 바가 없게 된다. 마지막으로 세상을 소유하여 왕 같은 권세를 취할 것을 요구한다. 사탄은 자기에게 경배하면 세상 권세의 자리를 양보할 것이라 말한다. 만일 예수께서 세상을 마음대로 하는 힘을 가진다면 바로 의의 질서를 세상에 공포하고 모두가 지키도록 하여 하나님의 왕국을 세울 수 있을 것이다. 하나님의 정의가 의의 질서를 세워 하나님 나라를 세우는 것이라면 직접 세상의 왕이 되어 권세를 가지고 통치하면 되는 것이다. 사탄은 예수가 하나님이라면 권세를 가진 왕으로 세상에 등장하는 것이 마땅하다고 유혹한다. 그러나 이것 역시 속이는 말이다. 하나님의 통치는 지배가 아니라 사랑이다. 하나님은 모든 인간이 당신의 권세 아래에서 노예로 존재하기를 원하는 것이 아니라, 당신의 은혜 안에서 자유인으로 존재하기를 원한다.

사탄은 계속해서 예수께서 하나님임을 반복해서 강조한다. 즉 사탄은 예수에게 인간의 옷을 벗어버리고 하나님으로 존재하기를 요구한다. 인간을 죄에서 구원하기 위해 하나님 됨을 포기하고 인간의 모습으로 이 땅에 온 예수에게 인간의 옷을 벗어버리고 하나님이 되라고 유혹한다. 예수 그리스도께서 만약 인간으로 존재하기를 포기하고 하나님으로 존재하고자 했다면 하나님과 인간은 분리되고, 하나님의 정의와 인간의 정의는 괴리된다. 왜냐하면 인간에게 하나님이 되기를 요구하는 것과 같기 때문이다. 돌이 떡이 되게 하는 능력과 높은 곳에서 뛰어내려도 안전한 신비 그리고 세상을 가진 왕의 권세를 가진 예수 그리스도를 본받을 수 있는 인간은 없다. 그리고 예수 그리스도의 삶과 명령은 인간의 삶에서 배제된다. 그래서 예수께서는 사탄의 모든 유혹을 거절한다. 예수의 거절은 할 수 없음에 대한 인정이 아니라, 이 땅에 하나님이 아니라 인간으로 와서 존재함을 의미한다. 인간의 한계 안에서 연약함으로 의를 드러내고, 정의를 행하고 하나님의 나라를 세울 것임을 나타낸다. 그래서 하나님의 '의'를 그리스도 안에서 모든 인간의 '의'가 되게 하고, 하나님의 정의를 십자가를 지고 따르는 모든 이의 삶이 되게 한다.

4. 영광을 드러내지 못하다

모든 사람이 죄를 범하여 하나님의 영광에 이르지 못하였으나(롬 3:23) 십자가에 달린 그리스도로 인해서 하나님의 영광에 이를 수 있게 되었다. 하나님의 영광은 당신의 이름(신 28:58, 느 9:5)과 거룩함(출 15:11), 그리고 권능(롬 6:9)과 같은 곳에 나타난다. 특히 하나님의 영광은 예수 그리스도(요 1:14, 고후 4:6, 히 1:3)에게서 드러난다. 그리고 예수 그리스도에게서 드러난 하나님의 영광의 빛은 예수 그리스도 안에 있는 모든 이에게 비추게 된다. 그래서 하나님은 예수 그리스도 안에 있는 이들을 통해서도 당신의 영광을 드러낸다(고후 4:6). 따라서 예수 그리스도의 죽음과 합하여 죽고 하나님의 영광 안에서 예수께서 다시 살아난 것과 같이 새 생명 안에서 거하는 사람은, 그 사람도 역시 하나님의 영광 안에서 거하고, 하나님의 영광을 드러내는 삶을 산다(롬 6:4).

바울은 빌립보 성도들을 생각하며 쓴 편지에서 모든 빌립보 성도에게 "예수 그리스도로 말미암아 의의 열매가 가득하여 하나님의 영광과 찬송"(빌 1:11)이 되기를 간구한다. '의의 열매'는 올바른 행위를 의미한다. 예수 그리스도 안에서 올바른 행위는 의롭게 되어 정의를 행하는 것이다. 그리스도 안에서 의롭게 여김을 받은 자가 세상에서 정의롭게 사는 것은 하나님의 영광과 찬송이 된다. 하나님은 그리스도인의 의로운 삶에 임재하고, 정의로운 행위를 통해 당신의 영광을 드러내고 또한 영광을 받으신다.

하지만 이것이 그렇게 간단하지만은 않다. 예수 그리스도 안에서 의롭게 살고 세상에서 정의를 행하는 것이 하나님의 영광과 찬송이라는 말이 생각으로는 간단하지만, "인자가 올 때에 세상에서 믿음을 보겠느냐"(눅 18:8)는 말씀처럼 삶에서는 전혀 간단하지 않다. 이는 하나님께서 당신의 영광을 드러내지 못하는 이스라엘 백성들의 불의함을 책망하는 무수한 성경의 기록들과 그리고 사람이 사람에게, 민족이 민족에게, 그리고 나라가 나라에게 행한 수많은 폭력과 악행들이 쳇바퀴처럼 계속해서 반복되며 악의 고리가 지속되는 역사의 교훈을 통해서 확인된다. 그래서 예수 그리스도는 자신을 따르는 모든 이에게 세상의 빛이 될 것을 명령한다.

하나님께서 예수 그리스도에게 비추고 예수 그리스도께서 다시 하나님이 의롭게 여긴 모든 이에게 비추는 하나님의 영광의 빛을 세상에 비추라고 명령한다. 즉 '빛'이 되라는 말은 어디를 가든지 무엇을 하든지 의를 드러내고 정의를 행함으로 의의 열매를 맺어 하나님의 이름을 높이고 그의 영광을 드러내라는 명령이다. 그런데 이것을 명령하였다고 해서 강압적인 요구를 의미하는 것이 아니라 당연함에 대한 강조이다. 십자가를 지고 예수를 따르는 자는 그 삶이 의롭고, 그 걸음이 정의롭다. 그래서 세상에서 빛으로 존재하며 하나님의 영광을 드러낸다. 하지만 오늘날 세상에서 빛이 되라는 예수 그리스도의 명령에 당연함이라는 자세를 가지기보다는 부담을 갖거나 혹은 무관심으로 일관한다. 부담을 가지는 이유는 의롭지 못해서고, 무관심으로 일관하는 이유는 정의롭지 못해서다.

세상의 빛이 되어 하나님의 영광을 드러내야 할 십자가를 진 자의 걸음이 마치 넘어질 듯 불안하고, 드러나야 할 하나님의 영광은 풍전등화처럼 위태롭다.

회칠한 무덤

유대인들은 무덤을 눈에 잘 띄게 해서 사람들이 부주의로 무덤에 접촉하여 부정을 범하지 않도록 일 년에 한 번 무덤에 회칠하였다. 회칠한 무덤은 겉은 눈에 잘 띄는 모습이지만 내부는 시체가 있는 곳이다. 깨끗하게 단장된 겉면과 생명 없는 주검으로 썩은 냄새가 풍기는 내부의 대조적인 모습으로 '회칠한 무덤'은 겉과 속이 다른 위선적인 신앙을 꼬집는 말이 되었다(라이프 성경사전). 그래서 예수께서는 겉은 경건하고 모든 일에 옳게 보이나 속은 온갖 더러운 불법들로 가득한 바리새인과 서기관을 가리키며 '회칠한 무덤'이라고 비판하였다(마 23:27). 항상 의를 이야기하고 정의를 강조하지만 정작 불의하고 불법을 행하여 '회칠한 무덤'과 같다며 진노하는 예수의 탄식은 바리새인과 서기관에서 오늘날 많은 교회와 성도들에게 그대로 배턴터치(baton touch)가 되었다.

마치 릴레이 주자가 배턴을 건네받고 이어서 달리는 것처럼, 오늘날의 교회와 성도가 바리새인과 서기관의 다음 주자가 되어 회칠한 무덤이 되어 달리고 있다. 의로운 삶을 바라지만 의롭지 않고, 정의를 강조하지만 정의롭지 않다. 하나님의 집인데 하나님이 계시지 않는다. 정작 머리가 되는 예수 그리스도는 소외되고 초대받은 자가 주인 노릇을 한다. 예수 그리스도의 이름을 부르며 한편으로는 사탄의 손을 잡는다. 가난한 자가 복이 있다고 가르치나 돌이 떡이 되게 해달라고 기도한다. 믿음을 가지고 인내할 것을 요구하나 무속의 신비도 마다하지 않는다. 십자가를 지고 좁고 낮은 길을 걷는 예수를 따르는 것이 신앙인 줄 알고 있으나 삶에서는 정작 왕이 되고자 노력한다. 왼손으로는 사랑을 베풀고 오른손으로는 폭력을 행사한다. 하나님의 의를 외치면서 뒤로는 불법을 행한다. 하나님의 은혜를 고백하지만, 그 삶은 타인의 눈물과 희생 위에 세운다. '회칠한 무덤'이다.

회칠한 무덤은 겉이 아무리 그럴듯하여도 주검이 놓인 곳이고 사망이 머무는 곳이다. 결코 생명이 잉태되고 하나님의 영광이 임하지 않는다. 회칠한 무덤 안에는 예수 그리스도의 영이 거하지 않는다. 예레미야는 성전 문 앞에 서서 성전으로 들어오는 이스라엘 백성들에게 '먼저 길과 행위를 바르게 할 것'을 외쳤다. 또한 성전을 향하여 하나님의 성전이 아님을 외쳤다. 겉은 경건하고 제사에 게으르지 않고 헌금에 열심을 내지만 정작 삶은 정의롭지 못한 이스라엘 백성들과 그리고 세상의 욕망을 좇아 물질과 신비 그리고 권세를 위해 사탄의 손을 잡고 서슴없이 말씀을 왜곡하고 세상과 타협하며 하나님 없이 행하면서 하나님의 성전이라고 부르는 제사장들에게 분노하고 질책하는 예레미야는 오늘도 여전히 교회 문 앞에 서서 "선한 것을 좋아하지 아니하며 배신하며 조급하며 자만하며 쾌락을 사랑하기를 하나님 사랑하는 것보다 더하며 경건의 모양은 있으나 경건의 능력은 부인"(딤후 3:3-5)하는 '회칠한 무덤' 같은 교회와 성도를 향해 외친다.

다윗은 자신의 내면에 정한 마음이 창조되고 정직한 영이 늘 새롭게 되기를 하나님께 기도하였다(시 51:10). 왜냐하면 하나님은 겉으로 사람을 판단하지 않는 분으로 단순히 입에서 나오는 말이 아니라 내면에서 나오는 고백을 듣는 분이기 때문이다. 하나님은 회칠한 무덤과 같은 자의 기도를 듣지 않으시고, 잎은 무성하나 열매를 맺지 못하는 삶을 축복하지 않는다. 따라서 하나님 앞에서 감추고 숨는 것은 유익하지 못하다. 하나님으로부터 숨는 인간의 본능은 죄의 속성이다. 아담이 선악과를 따서 먹고 하나님께 불순종의 범죄를 하자 자신의 몸을 가리고 하나님에게서 숨었다. 죄는 인간을 회칠한 무덤이 되게 한다. 즉 겉모습으로 내면을 감추려고 한다.

하나님께서 예수 그리스도를 통해 인간의 죄를 씻어내었음에도 여전히 회칠한 무덤과 같다면 그래서 여전히 죄인으로 존재하며 하나님에게서 감추고 하나님으로부터 숨는 삶이라면, 그렇다면 범죄 하여 하나님의 영광에 이를 수 없는 처음의 상태에서(롬 3:23) 한 걸음도 나아가지 못하였다.

정의와 폭력

민족 사학자 단재 신채호는 『조선 상고사』에서 역사는 "아(我)와 비아(非我)의 투쟁이 시간으로부터 발전하며 공간부터 확대한 심적 활동 상태의 기록"이라고 정의한다. 즉 역사는 '아(我)와 비아

(非我)의 투쟁'이다. 아(我)는 주관적 입장으로 '나'―나의 입장, 상황, 생각 혹은 내가 속한 가족, 공동체, 민족, 나라 등―이다. 반면에 비아(非我)는 아(我)와는 반대편 입장으로 '타인'―타인의 입장, 상황, 생각 혹은 타인이 속한 가족, 공동체, 민족, 나라 등―이다. 역사는 '나와 타인의 투쟁'의 기록이다. 그런데 역사적으로 '나와 타인의 투쟁'은 폭력의 모습을 취한다. 왜냐하면 투쟁에는 '선(善)'과 '악(惡)'의 의미가 더해지기 때문이다. 곧 '아(我)'는 '선(善)'이고 '비아(非我)'는 '악(惡)'이 된다. 따라서 '아(我)와 비아(非我)의 투쟁'은 '선(善)'과 '악(惡)'의 투쟁으로 이상화된다. 이상화된 나와 타인의 투쟁은 경쟁이라기보다는 폭력으로 드러난다. 그래서 역사의 기록은 '아(我)'와 '비아(非我)'의 투쟁에 의한 폭력을, 투쟁에서 이긴 '선(善)'한 '아(我)'의 입장[8]으로 해석한 것이다.

  역사에 대한 많은 정의 가운데서 단재 신채호가 쓴 『조선 상고사』에 기록된 '아(我)와 비아(非我)의 투쟁'을 예로 든 것은 구약성경에서 이러한 모습이 뚜렷하기 때문이다. 성경에 의하면 투쟁이 폭력의 모습이 된 것은 '죄'로 인해서다. 아담과 하와가 죄로 인해서 에덴동산에서 추방된 이후 첫 기록이 바로 형제 사이의 투쟁

---

8 아(我)와 비아(非我) 각각 아(我)와 비아(非我)의 양면을 가진다. 아(我)는 '나'이고 비아(非我)가 '타인'이라면, 타인의 입장에서는 '타인'이 아(我)이고 '나'는 비아(非我)가 된다. 따라서 아(我)는 아(我)이자 비아(非我)이고 비아(非我) 역시 비아(非我)이자 아(我)가 된다.

이다. 가인과 아벨 사이의 투쟁은 살인이라는 폭력으로 나타난다. 형제 사이의 폭력을 시작으로 무수한 내부적 그리고 외부 세력과의 폭력이 성경에는 기록되어 있다. 그리고 아브라함 시대에 와서는 투쟁에 '선과 악'이라는 의미가 더욱 뚜렷해진다. 하나님께서 선택한 아브라함과 그의 가족 그리고 그의 민족과 나라는 '아(我)'로써 '선'한 입장을 취하고, 반면에 하나님께서 선택한 사람과 가족 그리고 당신의 민족 혹은 나라와 투쟁하는 이방 민족이나 이방 나라는 '비아(非我)'로써 '악'하게 여겨진다. 이 때문에 구약성경에서는 '아(我)'가 '비아(非我)'에게 행하는 폭력(가나안땅 정복 때에 거류민들을 진멸하라는 명령, 신 7:1-2), 혹은 하나님께서 '아(我)'를 핍박하는 '비아(非我)'에게 행사하는 폭력은 정의로 여겨진다(출 23:22). 하나님께서는 애굽의 가혹한 폭력에서 당신의 백성인 이스라엘을 이끌어 내었고, 홍해에서 애굽의 폭력을 되갚아 주었다.

하지만 선한 '아(我)'의 투쟁, 즉 하나님의 폭력이라고 해서 어떠한 이견도 없이 완전히 인정되는 것은 아니다. 특히나 가나안 정복 때에 이루어지는 폭력은 성전으로 하나님의 전쟁이다. 여자와 아이까지 모두 진멸하는 전쟁은 선한 '아(我)'의 투쟁이라고 하기에는 도덕적 딜레마를 낳는다. 그런데 가나안 전쟁은 단순한 폭력이 아니라 성전으로 야웨 하나님의 전쟁이다. 따라서 가나안 전쟁은 구속적 폭력이고, 가나안 땅은 하나님께 드리는 제물이 된다(IVP 신학사전). 이러한 차원에서 폭력이 정당화 된다(신 23:9-10, 삼상 21:5). 가나안 폭력은 철저하게 하나님의 관점에서 보아야 한다. 그렇지 않으면 '선(善)'은 사라지고 폭력만 남게 된다.

물론 하나님의 백성이라 할지라도 모든 폭력이 다 용인되는 것은 아니다. 용인되는 폭력과 그렇지 않은 폭력이 구분되었다. 폭력은 세상의 유혹과 위협에서 하나님의 백성을 보호하고 돌보는 데서 용인되었다. 사울이 수천 명을 죽였고, 다윗은 수만 명을 죽였지만(삼상 18:7-8) 사울과 달리 다윗은 전쟁과 관련된 정결법을 준수하였다(삼상 21:4-5). 그래서 사울은 하나님께 버린바 되었고, 다윗은 하나님의 마음에 합한 자라 불리었다. 이렇듯 구약은 하나님의 정의와 폭력이 연결되어 있다. 폭력은 하나님께서 하신 약속의 실천이었고(열 가지 재앙, 출7-12장), 당신의 백성과 세상의 불의에 진노하는 심판이었고(렘 21:4-5, 암 4:1) 그리고 하나님의 뜻을 실현하며 당신의 나라를 이루는 방법이었다. 그러나 신약시대를 예고하며 폭력의 종말을 선고한다. 그리고 모든 폭력은 하나님의 마지막 날 심판 때로 연기된다.이사야는 폭력이 사라진 나라와 고난 받는 종에 대하여 묘사한다(사 52:13-53:12). 이사야는 악한 '비아(非我)'에게 폭력을 행하는 선한 '아(我)'가 아니라, 악한 '비아(非我)'를 대신해서 폭력을 당하는 선한 '아(我)'에 대한 예언의 말씀을 전한다. 그리고 악한 '비아(非我)'에게 폭력을 행사하는 전사가 아니라, 악한 '비아(非我)'를 대신해서 폭력을 당하는 '종'이 바로 예수 그리스도이다. 예수는 죄인들에게 폭력을 행사하여 세상의 불의를 심판하기 위해서 온 것이 아니라, 모든 죄인을 대신해서 폭력을 당하여 그들을 죄와 사망에서 자유롭게 하려고 이 땅에 왔다. 그리고 십자가에서 세상의 모든 폭력 가운데 죽었다. 예수 그리스도는 자신이 대신해서 모든 폭력을 짊어지고 도리어 원수를 사랑할 것을 선포하였다(마 5:43-45). 폭력으로 하나님의 의를 이룰 수 없기에(약 1:20) 악을 악으로 갚지 말고 오히려 선을 행할 것을 가르쳤다(롬 12:17, 벧전 3:9). 그리고 악에 대한 모든 폭력은 예수 그리스도께서 다시 오실 심판의 때에 이루어지는 최종 폭력으로 미루어졌다. 따라서 하나님의 이름으로 이루어지는 모든 폭력은 하나님의 의를 이룰 수 없다. 예수 그리스도의 이름으로 이루어지는 폭력으로 하나님의 나라가 세워지지 않는다. 신앙과 믿음이라는 이름으로 이루어지는 폭력은 말씀에 대한 불순종이고, 하나님을 향한 적대행위이다. 물론 폭력을 금한다고 해서 저항을 금하는 것이 아니다. 회개는 죄에서 돌아서는 것으로 기본적으로 죄에 대한 저항이다. 세상에 물들지 않는 것은 불의한 흐름에 저항하는 것이다. 그리스도의 십자가를 지고 나아가는 삶은 불의에 분노하고 타협에 저항하는 삶이다.

다만 저항이라는 이름으로 폭력을 용인해서는 안 된다. 왜냐하면 어떠한 폭력도 아무리 정당하다고 하여도 무고한 희생에 있어서 자유롭지 않기 때문이다. 따라서 수많은 종교전쟁에서 자행된 폭력이 정당화될 수 없다. 십자군 전쟁에서 예수의 이름으로 이루어진 폭력이 하나님의 의가 될 수 없다. 그리고 노예제도와 같이 신앙의 보호 안에서 인간에게 행해진 폭력이 결코 하나님의 정의가 될 수 없다. 복수가 아니라 용서, 미움이 아니라 사랑, 적대가 아니라 환대, 폭력이 아니라 선을 행하는 것이 예수 그리스도께서 십자가에서 보인 정의이다. 믿음이라는 이름으로 행해지는 폭력은 십자가에서 모든 죄인을 대신해서 폭력을 당하신 예수 그리스도를 끌어내리는 행위가 된다.

정의와 광신

유교에서 말하는 '중용'이나 혹은 불교에서 말하는 '중도'는 어느 한쪽으로 치우치지 않는 성숙을 의미한다. 이러한 의미는 기독교적 이해에도 영향을 미친다. 하나님께서 모세에게 당부한 우로나 좌로나 치우치지 말라(수 1:7)는 말이 마치 중용의 의미로 받아들여져 신앙의 자세로 여겨지기도 한다. 그래서 그리스도인이 자기의 믿음을 설명할 때 세 가지—허울뿐인 믿음, 중도의 믿음, 그리고 광신적인 믿음—로 분류한다. 허울뿐인 믿음은 소위 믿음이 약한 신앙이다. 교회를 나가지만 신앙의 자세나 노력은 전혀 없다. 그리고 중도의 믿음은 말 그대로 항상 중간에 머무는 신앙이다. 허울뿐인 신앙은 아니지만 그렇다고 열심을 내지도 않고 항상 튀지 않으려고 노력한다. 마지막으로 광신적인 신앙은 모든 면에서 지나친 신앙이다. 광신은 사람의 감정이 강하게 개입된 신앙이다. 신앙에 감정이 개입되면 먼저 타인에게 자신의 광신적 모습을 강요한다. 요구를 수용하지 않으면 믿음이 없다고 판단한다. 그래서 감정이 개입된 광신은 관계의 질서를 무너뜨리고 많은 불편을 만들어 낸다. 그런데 그리스도인의 믿음이 세 가지로 분류된 것은 광신의 영향이 크다. 광신적인 모습이 거북한 자들의 흔한 반응은 완전히 반대의 자세를 취하는 것이다. 그래서 광신적 모습에 대한 거부로 허울뿐인 믿음을 취한다. 그리고 이렇게 광신과 허울뿐인 믿음이라는 양극단의 모습이 생기면, 이에 대한 경계로 중도의 믿음이 등장한다. 중도의 믿음은 양극단 사이의 타협으로 공동체의 유지와 관계의 편의를 위한 궁여지책으로 강조된다.

신앙의 성숙에 대한 고민이 없이 그저 신앙의 열심이라는 무분별한 강조가 많은 광신적인 모습을 양산하였다. 광신은 은혜에 대하여 폭력적이다. 은혜는 하나님께서 거저 베푸시는 사랑인데 광신은 은혜에 대해 협박하는 듯한 자세를 취한다. 엘리야가 갈멜산에서 바알 선지자들과 영적 전투를 할 때 바알 선지자들의 모습에서 광신적 모습을 잘 엿볼 수 있다(왕상 18:16 - 40). 제단을 쌓고, 그 위에 물을 부은 후에 서로 기도해서 재단 위에 불을 내리게 하는 대결에서 바알 선지자들은 요란하게 기도하고 칼로 자신의 몸을 자학하며 광신적인 모습을 드러낸다. 광신은 요란함과 자학적인 폭력으로 은혜를 강요하는 듯한 모습을 보인다. 그리고 이러한 모습은 연약하고 자신 없는 의심에서 기인한다. 의심은 자기의 모습을 가리기 위해서 거짓 확신의 모습을 취하는데, 이것이 광신이다. 그리고 광신은 신이 되고 싶은 인간의 발악이다. 사람들 앞에서 하나님의 이름으로 자신의 영웅적인 모습을 보이고 싶은 자아 결핍의 몸부림이다.

물론, 신앙의 열심을 광신으로 볼 수 없다. 만약 그렇다면 순교는 모두 광신적인 결과가 된다. 왜냐하면 자학의 끝은 죽음이기 때문이다. 자학적인 광신으로 인한 죽음은 결코 순교가 아니다. 순교는 하나님의 백성으로 그 정체성을 마지막까지 지키고자 하는 지조(志操)이다. 신앙을 부인하기를 강요받는 환경이나, 믿음을 지키는 것이 어리석거나 미련해 보이는 상황에서 그리고 예수 그리스도를 따르는 자의 역할을 포기할 것에 대한 강요에 도망가지 않고 부인하지 않고 포기하지 않고 끝까지 그리스도의 증인으로 남는 것이 신앙의 지조이다. 그리고 목숨이 위협받는 상황에서도 그리스도인으로서의 지조를 지키는 것이 순교다. 그래서 순교는 폭탄테러와 같은 광신적인 자학이 아니라 마지막까지 그리스도인의 정체성을 가지고 예수 그리스도를 증언하는 증인의 삶이다. 그런데 광신은 하나님의 정의를 무질서로 만들고, 순교를 복음에 대한 증인이 가지는 지조가 아니라, 잘못된 신념에서 기인하는 영웅적 자학이 되게 한다.

'새사람이 된다는 말'을 '무언가 달라 보여야 한다는 무언의 압박'으로 이해하는 경우가 있다. 이러한 오해가 광신이라는 잘못된 믿음을 낳기도 한다. 새사람이 되는 것이 슈퍼 히어로가 되는 것은 아니다. 신앙은 상식을 넘어서지만 상식을 배제하지는 않는다. 믿음은 현실 너머를 바라지만 현실을 건너뛰지 않는다. 그리스도인은 영원한 삶을 추구하지만 현재의 삶을 무시하지 않고 현재의 삶에서 영원을 경험한다. 하나님의 은혜는 대부분 이해되고 타당하다. 따라서 은혜라는 이름으로 불확실한 기대를 가정하며, 오늘의 희생을 요구해서는 안 된다. 하나님의 정의는 상식적이고, 사랑이 넘치고 질서가 있다. 그러나 광신은 이 모든 것을 무너뜨린다. 따라서 광신은 믿음이 아니다. 즉 그리스도인의 믿음의 모습으로 분류될 수 없다.

믿음은 비교의 차원으로 논할 수 없다. 대신 대조의 차원으로 바라본다. 즉 믿음은 '있다'와 '없다'로 나뉜다. 예수께서 변화산에 올라갔다가 내려왔을 때, 한 사람이 달려와 예수께 무릎을 꿇고 간질이 심하여 갑자기 불에도 넘어지고 물에도 빠져서 죽을 뻔한 적이 몇 번인 자기의 아들을 고쳐주기를 간청한다. 이미 예수의 제자들에게 고쳐주기를 간청하였으나 고치지 못하여 예수께 달려와 간청하는 것이다(마17:14 - 16). 예수께서 아이를 고치고는 제자들의 믿음 없음을 꾸짖는다. 성경에서는 '작은 믿음'이라고 되어 있지만, 바로 이어서 나오는 '믿음이 겨자씨 한 알만큼만 있어도 이 산을 명하여 옮긴다'는 말씀에서 알 수 있듯이 '믿음이 작다'는 말은 '믿음이 없다'는 의미를 가진다. 겨자씨 한 알만한 작은 믿음으로도 산을 옮기는 하나님의 능력이 나타난다는 말씀은, 믿음의 크기의 정도(程度, degree)가 아니라 유무(有無)가 중요함을 드러낸다. 결국 믿음의 분류는 인간의 이기적인 편의에서 기인한다. 즉 허울뿐인 믿음, 중도의 믿음 그리고 광신, 이 모든 것은 믿음이 아니라 인간의 이기적인 편의를 위한 분류로, 이는 교만이다. 십자가에 달린 그리스도를 통해 드러난 하나님의 '의' 안에서 믿음으로 의롭게 여김을 받은 자는 믿음이 있는 그리스도인이다. 믿음이 있는 그리스도인은 의롭게 살고 정의를 행함으로 하나님의 영광을 드러내는 삶을 산다. 믿음을 분류하고는 자기의 상황과 편의에 따라 때로는 허울뿐인 믿음으로, 때로는 중도의 믿음으로, 그리고 때로는 광신적 믿음으로 이리저리 옮겨 다니며 '믿음의 정도(程度, degree)'라는 핑계 뒤에 숨는다면 믿음이 없는 것이다.

제4장

고난을 부정하다

†

"신앙과 주변 세계가 서로 상응하고 일치되기 전까지
고통은 비진리 가운데 이루어지고 있는 진리의 증거를 의미한다.
고통 속에서 우리는 우리가 만들어 내지 않았고 궁리하여 내지 아니한
하나의 현실을 우리 밖에서 경험한다.
이 고통을 통하여 아무것도 더 이상 무관심한 것으로 여기지 아니하고
오히려 다른 것, 추한 것, 사랑받을 자격이 없는 것을 찾고,
사랑하고자 하는 사람이 된다.
언제 어디서나 동일한 것, 미리 알고 있는 것만을 만나기 때문에
모든 것을 무관심하게 여기는 사람의 무관심이 이 고통 속에서 파괴된다."

- 위르겐 몰트만, 『십자가에 달리신 하나님』 중에서 -

1. 고난을 이해하다

고난은 보편적이고 우주적인 데다가 예측할 수도 그리고 정의할 수도 없어 이해하기가 매우 어렵다. 즉 고난은 이유와 목적을 명확하게 드러내지 않는다. 고난은 때로는 신비롭게 다가오고, 때로는 의미 없이 다가오기도 한다. 그렇다고 고난이 '악'은 아니다. 고난이 가지는 긍정적인 가치는 그 자신을 '악'과는 차별되게 한다. 악은 그 자체로 악이지만, 고난은 부정적 가치와 긍정적 가치를 모두 가진다. 성경에서 고난이라고 하면 떠오르는 인물은 욥이다. 사탄에 의해 받는 욥의 고난은 하나님의 허락 하에 이루어진다. 의인인 욥이 받는 고난은 '까닭 없이' 하나님을 경외하는 모습을 보이기를 바라는 하나님의 기대에서 허용된 시험이다. 하지만 욥은 이러한 사실을 모른다. 그리고 욥의 친구들이 제기한 고난에 대한 다양한 이유 역시 욥이 받는 고난에 대한 설명이 아니다. 욥은 이유도, 의미도 모른 채 고난을 당한다. 이처럼 인간은 많은 경우 이유도 모른 채 고난을 겪는다. 고난은 인간의 삶과 가장 가까운 주제이자, 동시에 이해하고 설명하기 어려운 주제이다. 그래서 인간은 고난을 피하고 싶어 하지만, 피할 수 없는 현실을 인정하는 운명적인 자세를 취한다.

성경에서의 고난

구약성경에서 나타나는 고난은 먼저 아담의 죄로 인한 타락과 저주에서 기인한다(창 3:1-19). 하나님에 의해 에덴동산에서 추방당하는 인간은 고통과 수고를 짊어지게 된다. 잉태하는 고통과 더불어 인간을 포함한 모든 생명은 병들고 죽음을 맞이하게 된다(롬 6:23). 그리고 수고하며 일을 해야 하는데, 이는 짐작하건대 가난이나 억눌림 같은 실존적 고난의 등장으로 이어진다. 두 번째 등장하는 고난은 불순종에 대한 고난이다. 이스라엘 백성들은 하나님에 대한 불순종의 결과로 고난을 당한다. 하지만 이 고난은 실존적 고난이라기보다는, 백성들을 회개하게 하여 다시 회복하기 위한 하나님의 의도를 가진다. 구약성경에 나타나는 세 번째 고난은 개인이 하나님의 특별한 목적으로 인해서 당하는 고난이다. 대표적으로 요셉이 당하는 고난이다. 요셉은 자기 형제들에 의해 팔려 애굽에서 노예 생활과 옥살이를 하게 된다. 하지만 후에 애굽 총리가 된 요셉은 자기를 판 형제들에게 자기의 고난은 '많은 백성의 생명을 구원하기 위한 하나님의 선'(창 50:20)이라고 고백한다. 마지막으로 구약성경에 등장하는 고난에 대한 이해는 바로 '대리적 고난'이다(IVP 신학사전). 이사야는 백성을 위해 대신 고난 받는 종(사 52:13-53:12)에 대한 예언을 한다. 그리고 이

사야의 '대리적 고난'에 대한 예언은 예수 그리스도께서 이 땅에서 고난 받고 십자가에 달려 죽음으로 이루어진다.

신약에서는 십자가에 달린 예수 그리스도의 고난과 죽음 그리고 그를 따르는 그리스도인들의 고난이 두드러지게 나타난다. 예수 그리스도는 인간을 죄에서 구원하고 하나님과 화해하도록 고난당하고 십자가에서 죽임을 당했다. 베드로는 예수 그리스도의 고난이 미리 예정되었고(벧전 1:11), 인간이 죄에서 죽고 의에 대하여 살게 하기 위하여 십자가에서 고난을 감당하였고(벧전 2:24) 예수의 고난은 당신을 따르는 모든 자들을 위한 모범(벧전 2:21)이라고 설명한다. 바울 역시 예수 그리스도의 고난을 모든 그리스도인의 고난과 연결시킨다. 즉 예수께서 은혜를 베푼 것은 고난도 함께 받게 하기 위해서이다(빌 1:29) 그래서 은혜와 고난은 서로 연결된다. 은혜를 베푸는 입장에서도 십자가의 고난이 필요하고, 은혜를 받는 입장, 곧 십자가를 지고 그리스도를 따르는 입장에서도 고난이 필요하다. 십자가를 지고 그리스도를 따르는 입장에서 받는 고난은 경건하고 거룩한 삶을 살게 한다(딤후 3:12). 그래서 바울은 모든 그리스도인에게 예수 그리스도의 고난에 적극적으로 참여할 것을 요구한다(빌 3:10). 바울의 이러한 확신은 예수 그리스도의 부활과 그리스도인들의 영생에 대한 소망에서 기인한다.

이외에 성경에서는 고난을 단련(욥 23:10), 공감(고후 1:4-6, 히 2:18) 등의 의미로 설명한다. 일반적으로 성경에서 고난은 보편적으로 존재하고, 은총이 되기도 하고 반면에 심판이나 유혹 혹은 시험이 되기도 한다. 그리고 고난에 대한 더 명확한 설명은 절제한다. 예를 들면, 어느 날 예수께서 길을 가실 때에 날 때부터 맹인 된 사람을 만난다. 제자들이 예수께 이 사람이 맹인 된 것은 자기의 잘못인지 아니면 부모의 잘못인지 묻는다. 예수는 제자들이 제시한 답안에서 선택하거나 혹은 새로운 답을 제시하는 것이 아니라, "그에게서 하나님께서 하시는 일을 나타내고자 하심이라"는 대답으로 날 때부터 맹인 된 자가 겪는 고난에 대해서 명확한 대답을 하지 않는다. 그러고는 당신이 세상의 빛임을 선포하며 맹인의 고난을 통해서 당신께서 이 땅에 온 목적을 상징적으로 드러낸다(요 9:1-5).

고난에 대한 인간의 자연스러운 반응은 원인을 찾는 것이다. 그리고 제자들이 맹인의 고난을 죄의 결과라고 단정하고 묻듯이, 사람은 고난을 죄에서 찾는다. 욥기의 친구들 역시 욥의 고난을 죄에서 찾는다. 하지만 욥의 고난을 죄의 결과로 바라본 친구들의 의견에 욥이 동의하지 않은 것처럼, 맹인의 고난을 죄에서 찾는 제자들의 의견에 예수는 동의하지 않는다. 고난은 죄의 결과가 아니라 하나님의 의도와 의지가 드러나는 곳이라고 설명한다.

예수께서 고난에 대한 분명한 설명을 하지 않은 것은 고난이 가지는 다양한 의미와 가치 때문이다. 고난은 넘어트리는 사막이 되기도 하지만, 다시 일으켜 회복시키는 광야가 되기도 한다. 하나님에게서 멀어지는 이유가 되기도 하지만, 다시 하나님의 마음을 깨닫고 돌아오는 탕자의 길이 되기도 한다. 고난을 통해 사탄에게 시험을 받기도 하지만, 하나님의 사랑을 깨닫기도 한다. 고난은 삶을 포기하게 하는 걸림돌이 되기도 하지만, 극복하여 더 나은 삶으로 나아가는 디딤돌이 되기도 한다. 고난은 저주이고 심판인 동시에 신비이고 은총이다.

2. 예수, 고난을 받다

복음의 핵심은 하나님께서 인간을 대신해서 겪은 고난이다. 구약성경에서 신실한 하나님과 신실하지 못한 이스라엘과의 대립과 갈등은 모든 버림받은 죄인들을 대신해서 고난 받고 십자가에서 죽임을 당하는 예수 그리스도를 통해서 화해하기에 이른다. 영지주의와 같은 가현설[9]을 주장하는 이단은 예수 그리스도의 신성을

---

9   가현설(假現說) 또는 도우시티즘(Docetism)은 그리스어로 "보이다"라는 뜻인 '도케오(δοκέω)'가 어원으로 예수의 몸은 환상일 뿐이라는 영지주의 교리이다. 하나님의 아

강조하여 실제로 인간의 몸을 입지 않았다고 주장한다. 그의 몸은 단지 겉보기에만 입은 것처럼 보였을 뿐이며, 그리스도의 고난과 죽음 역시 단순한 겉모습에 불과하다고 주장한다. 가현설에 따르면, 만약 예수 그리스도가 고난을 당하고 죽임을 당하였다면 결코 그는 하나님일 수 없다. 예수가 만약 하나님이라면 고난을 당할 수도 그리고 죽을 수도 없다.

그러나 "피흘림 없이는 죄사함도 없다"(히 9:22). 예수 그리스도가 십자가에서 죽지 않았다면 대속이 이루어지지 않았기에 인간은 여전히 죄에서 해방되지 않았고, 하나님과의 화평을 누리지 못한다. 또한 예수가 고난을 당하지 않는 분이라면 '나를 따르라'는 예수의 명령은 부당하다. 인간의 연약함과 고난을 이해하지 못하는 예수의 말씀과 삶은 인간에게 따라야 하는 본이 될 수가 없다. 예수께서 고난을 당하였기에 인간을 이해하고, 인간 역시 그를 본으로 삼고 따를 수 있는 것이다(히2:18). 인간을 구원하기 위하여 예수께서 인간으로 이 땅에 들어와 고난을 당하고 죽임을 당했다. 즉 '예수 그리스도(성자 하나님)를 통하여 하나님(삼위일체 하나님)은 고난을 당하고 십자가에서 실제로 죽음을 경험하였다.'

들인 예수 그리스도는 참된 인간의 몸을 가지지 않았다고 주장한다. 즉 참된 혈과 육의 사람이 아니라면서 예수의 인간성을 부정하는 교리이다. 따라서 예수가 십자가에 달리고 고난 받은 것은 환상일 뿐이며, 그가 죽고 부활하는 것은 중요하지 않다고 영지주의자들은 주장하였다(출처: 위키백과).

십자가의 고난

예수 그리스도는 "나의 하나님, 어찌하여 나를 버리시나이까"라는 외침과 함께 십자가에서 죽었다. 그리고 사흘 만에 부활하였다. 예수는 죽음과 부활, 즉 고난과 영광이라는 대조를 통해서 죄와 사망으로부터 인간의 해방을 수행하였고 하나님께 나아가는 기독교적 희망을 실현하였다. 인간이 죄를 범함으로 하나님의 영광에 이르는 문이 닫혔다면, 예수께서 당신의 고난으로 닫힌 문을 다시 연 것이다. 이것이 십자가 고난의 의도이고, 동시에 십자가를 지고 나아가는 모든 이가 감당하는 고난의 의미이기도 하다. 십자가는 '자연적이고 보편적인 실존과 관련된 고난이 아니라 그리스도인으로 존재하는 것과 관련된 고난'이다. 따라서 고난이 제거된 십자가는 결코 기독교적 희망일 수가 없다. 고난이 없는 십자가는 고난 받은 예수를 거부하는 우상이다. 즉 십자가에서 고난당한 예수를 내리고 고난이 없는 십자가를 세우는 것은 우상숭배이다. 몰트만에 의하면 '십자가의 상징은 화려한 촛대 사이에서 불빛에 반짝이는 십자가 위에서 누워있는 하나님이 아니라, 성문 밖의 고난당하고 버림받은 해골 더미 위에서 두 도둑 사이에서 함께 고난당하고 처형된 하나님을 가리키는 것'이다. 따라서 십자가는 사랑하기 위해 선택한 아픔이고, 희망을 향한 예수의 처절한 몸부림이고, 구원을 위한 예수의 비참한 버림받음이고, 그리고 하나님과 인간의 화해와 화평을 위한 예수의 결연한 순종이다. 고난이 제거된 십자가는 희망도, 화해도, 그리고 화평도 이루지 못한다.

몰트만에 의하면 고통은 "비진리 가운데 이루어지고 있는 진리의 증거"이다. 즉 진리는 비진리 가운데서 고통으로 자기를 증명한다. 예수께서 고난을 당한 것은 그가 하나님의 정의이고 그의 말은 진리이기 때문이다. 정의는 세상의 불의에 의해 고난을 당하고, 진리는 세상의 거짓에 의해 미움을 받는다. 정의는 불의 가운데서, 진리는 비진리 가운데서 고통으로 자기를 증명한다. 그리고 고통은 비진리로 향하는 흐름을 진리로 바꾼다. 고통은 사람들이 불의에서 정의를 찾게 하고, 비진리에서 진리에 머무르게 한다. 그래서 고통 가운데서 사람들의 이기심과 무관심이 파괴되고 공감과 은혜 그리고 관심이 회복된다(히 2:18; 5:8).

고난은 비진리 가운데서 진리가 살아있게 한다. 야고보는 "너희가 여러 가지 시험을 당하거든 온전히 기쁘게 여기라"(약 1:2)고 말한다. 이는 고난이 진리가 살아있게 하고, 또한 진리 안에 온전히 거하게 하기 때문이다. 고난은 하나님의 정의가 세상의 불의 가운데서, 예수 그리스도의 진리가 세상의 비진리 가운데서 일하고 있음을 의미한다. 따라서 불의한 세상에서 의로운 삶이 고난을 당하는 것은 운명이고, 명확해 보이는 비진리들 사이에서 모호한 듯한 진리가 미움 받는 것은 사명이다.

3. 예수의 고난에 참여하다

성경은 모든 그리스도인에게 예수 그리스도를 본받아 그의 고난에도 적극적으로 참여할 것을 말한다(빌 3:10, 벧전 4:13). 고난의 참여는 하나님의 사랑을 인정하는 것이고, 예수 그리스도께서 십자가에서 이룬 은혜 안에 거하는 것이다. 하나님께서는 죄로 인해 버림받은 인간을 위해 당신의 독생자 예수를 고난의 자리로 보냈다. 하나님은 예수 그리스도의 고난과 십자가 죽음을 통해서 인간을 향한 당신의 사랑을 확증하였다(롬 5:8). 즉 하나님께서는 사랑받을 만한 자격이 없는 죄인임에도 불구하고 독생자를 고난과 희생의 자리로 내어줌으로 당신의 조건 없는 사랑을 증명하였다. 그리고 당신의 사랑을 증명한 고난의 십자가로 모두를 초대한다. 그리고 하나님은 고난의 십자가로 나아온 모든 이들을 그리스도 안에서 화해와 화평이라는 은혜의 상속자가 되게 한다.

십자가에서 예수 그리스도를 통한 은혜의 상속자가 된 자녀는 부활하신 예수와 함께 영광을 받기 위하여 고난도 함께 받는다

(롬 8:17). 그래서 예수 그리스도는 모든 은혜의 상속자에게 당신의 십자가를 지고 따를 것을 명한다. 예수 그리스도께서 십자가에서 감당한 고통과 두려움은 결코 가벼운 것이 아니었다. 그럼에도 불구하고 십자가를 지고 자기의 고난에 참여하라는 것은 지금의 고난은 장차 하나님과 함께 할 영광과 비교할 수 없기 때문이다(롬 8:18). 예수 그리스도께서 십자가에서 이룬 은혜를 상속한 모든 이는 은혜를 베푼 하나님과의 영광을 위하여 십자가의 고난에 참여한다. 헨리 나우웬은 『춤추시는 하나님』에서 "고난은 사력을 다해 피해야 할 불청객이나 저주가 아니라 더 깊은 온전함으로 나아가는 길"이라고 말한다. 따라서 십자가를 지고 나아가는 그리스도인은 단순히 삶에서 경험하는 일반적인 고난뿐만 아니라, 예수 그리스도를 믿고 따름으로 인해서 마주하는 모든 고난을 억울해하거나 혹은 부정하는 것이 아니라 고통의 한복판에서 십자가를 지고 내딛는 믿음의 걸음에 몰입하며 삶에 집중한다. 반면에 자신을 고난과 끊으려는 시도는 오히려 십자가에서 보인 예수 그리스도의 고난과 끊는 결과를 낳는다. 하나님은 예수 그리스도를 통해 고난의 한가운데 들어와 적극적으로 감당하였다. 십자가의 고난을 통하여 죄와 사망을 물리치고 이룬 승리는 결코 쉬운 승리가 아니었다. 따라서 십자가를 지고 예수와 함께 이룩할 우리의 승리 역시 결코 쉬운 승리가 아니다. 고난을 힘

들게 뚫고 나아가야만 누릴 수 있는 승리이다. 십자가를 지고 예수의 고난에 참여한다고 하면서 쉬운 승리를 바란다면 어쭙잖은 환상이다.

　십자가를 지고 그리스도의 고난에 참여하는 것은 하나님의 사랑에 대한 수용이다. 사랑은 상호작용이다. 일방적으로 베푸는 은혜와 달리 사랑은 상호 간에 주고받는 것이다. 하나님께서 인간에 대한 사랑의 확증으로 고난을 감당하였다. 하나님께서 먼저 사랑한 것이다. 그리고 그리스도인이 십자가의 고난에 참여하는 것은 하나님의 사랑에 사랑으로 반응하는 것이다. 그런데 십자가의 고난에 참여하지 않고 고난을 거부한다면, 십자가에서 보인 예수 그리스도의 고난과 끊어지게 되고, 결국 하나님의 사랑에서 끊어지는 것이다. C. S. 루이스는 『네 가지 사랑』에서 "사랑한다는 것은 결국 약해진다는 것이다…. 마음을 절대 다치지 않으려거든 아무에게도 마음을 주지 않으면 된다. 동물한테도 마음을 주면 안 된다. 취미와 소소한 사치로 마음을 꼭꼭 동여매라. 모든 연줄을 피하라. 이기심이라는 관 속에 마음을 안전히 가둬 두라. 그러나 안전하고 어둡고 공기가 통하지 않는 그 부동의 관 속에서 마음은 변질될 것이다. 상처를 모를 것이다. 깨질 수도 없고, 뚫고 들어갈 수도 없고, 구원받을 수도 없는 마음이 되고 말 것이다…. 천국을 제외하고 사랑의 위험에서 완전히 안전하게 피할 수 있는 유일한 곳은 지옥이다"라고 설명한다.

하나님의 사랑은 십자가의 고난으로 나타났다. 인간은 고난의 십자가로 나아가 하나님의 은혜를 상속받는다. 그리고 십자가의 은혜를 상속받은 자로서 예수 그리스도의 고난에 참여한다. 예수 그리스도께서 지신 십자가를 같이 지고 하나님의 영광의 자리를 향해서 나아간다. 그러나 십자가의 고난에서 자신을 끊어버리면 스스로 하나님의 사랑을 끊어버리는 것이다. 사랑으로 인한 고난이 없는 곳은 천국 혹은 지옥이다. 천국은 예수 그리스도가 진 고난의 십자가를 지고 들어가는 곳이고, 반면에 지옥은 예수 그리스도의 고난을 제거한 십자가를 지고 가는 곳이다.

애통하는 자

예수 그리스도의 산상수훈 말씀에서 '팔복'은 고난을 받는 자에 대한 말씀이다(마5:1 - 12). 마태복음보다는 누가복음의 말씀이 이러한 생각에 더 확신을 갖게 한다. 누가복음에는 '4복'으로 가난한 자, 주린 자, 우는 자, 그리고 미움 받는 자가 복이 있다고 선포한다(눅 6:20:23). 곧 예수는 고난을 받는 자가 복이 있다고 말한다. 반면에 4복에 이어서 나오는 '4화'에서는 부요한 자, 배부른 자, 웃는 자, 그리고 칭찬받는 자에게는 '화'가 임할 것이라 저주

한다(눅 6:24-26). 곧 고난 없는 삶을 바라며 고난에서 자기를 끊어버리는 자는 화가 미칠 것이라 말한다. 예수 그리스도는 고난 받는 자에게 복이 있고, 고난에 참여하지 않는 자에게는 화를 선포한다. 이에 대해서 헨리 나우웬은 『춤추시는 하나님』에서 '애통하는 자'는 "상실을 피하지 않고 온전히 들여다보는 법을 배우는 사람"이라고 설명한다.

고난은 피하지 않고 적극적으로 대면하여 극복하고자 할 때, 고난이 춤으로 바뀌는 하나님의 은혜를 경험하는 광야가 된다. 몰트만 역시 "고난은 고난을 통하여 극복되며, 상처는 상처를 통하여 치유된다. 왜냐하면 고난 가운데의 고난은 냉정함을, 상처 가운데의 상처는 버림받은 상태를, 고통은 병든 자와 추한 자를 부끄러워하지 않고 오히려 그를 고치기 위하여 그를 용납하고 받아들이는 사람의 고난을 통하여 극복될 수 있다. 하나님의 버림을 받음으로써 십자가의 그분은 하나님의 버림받은 사람에게 하나님을 가져다준다"고 했다. 예수께서 십자가의 고난을 피하지 않고 대면하고 극복하였기 때문에 모든 버림받은 자들이 하나님의 구원하는 은혜를 입는 것처럼, 삶에서의 고난 가운데서 적극적으로 생에 몰입하고 고난을 뚫고 극복하고자 할 때 고난을 극복하고 상처를 치유하고 삶이 춤이 되는 하나님의 은혜를 경험한다. 예수의 십자가를 지고 나아가며 맞닥뜨리는 고난 가운데서 하나님을 향하여 애통하는 것은 삶에 대한 원망을 의미하는 것이 아니라 고난을 직면하고 극복하고자 하는 하나님을 향한 몸부림이다. 그리고 하나님께서는 고난을 극복하기 위한 몸부림을 하나님을 향한 찬양의 춤이 되게 한다(시 30:11).

고난 가운데 인간은 무기력함을 경험한다. 큰 고난일수록 무기력함은 커진다. 무기력함은 인간이 고난을 부정하고 회피하게 만든다. 이스라엘 백성들이 광야 여정에서 고난을 만날 때마다 고난을 피하여 다시 애굽으로 돌아오고자 하였듯이, 인간은 고난을 극복하기보다는 무기력함에 고난을 부정한다. 그리고 고난을 피해 안전한 자리를 찾는다. 고난에서 안전한 자리는 항상 퇴보하는 자리이고, 불법의 자리이고, 그리고 하나님이 없는 자리이다.『예수롭게』라는 책에서 저자는 '애가'에 대한 내용을 다루며, '애가'는 '삶의 고난에서 소망 되시는 하나님을 향해 올리는 부르짖음'이라고 설명한다. 그리고 고난을 극복하려는 부르짖음에 하나님은 '아무것도 할 수 없는 무기력함을 모든 것이 가능한 역사로 바꾼다.'

애통하는 자는 그리스도의 고난에 참여하는 자이고, 십자가를 지고 삶의 고난 가운데서 하나님을 의지하는 자이고, 그리고 고난이 춤이 되게 하는 하나님의 은혜를 경험하는 자이다. 예수 그리스도께서 십자가의 고난으로 죄인을 구원하는 하나님의 '의'를 드러내었듯이, 십자가를 지고 예수를 따르는 자는 삶의 모든 고난에서 희망의 빛을 밝히는, 하나님께서 하는 일을 드러낸다(요 9:3). 래리 크랩은 『끊어진 관계 다시 잇기』에서 "어둠과 맞닥뜨리는 한복판에서 하나님을 신뢰한다는 것은 이미 그분이 우리를 위해, 우리를 통해 일하고 계심을 깨닫는 것"이라고 주장한다. 애통은 고난을 통해서 일을 행하는 하나님에 대한 신뢰의 자세이다.

십자가와 성숙

십자가를 지는 삶은 예수 그리스도를 통한 십자가의 은혜를 상속받는 것이고 동시에 예수 그리스도와 함께 영광을 받기 위해 그의 고난에 참여하는 것이다. 그러나 어떠한 경우에서든 고난에 아무렇지도 않게 반응하기란 쉽지 않다. 십자가의 은혜를 상속받고, 하나님과 영광을 누린다는 위대한 이유와 목적에도 불구하고 고난은 여전히 꺼려지고, 할 수만 있다면 삶에서 피하고 싶다. 누구나 할 수만 있다면 실패 없이 성공하고 싶고, 위기 없이 성장하고 싶고, 수고 없이 열매를 맺고 싶고, 그리고 십자가를 짊어지지 않고 영광을 누리고 싶어 한다. 왜냐하면 단순히 고난 가운데서 겪는 물리적인 혹은 정신적인 고통 때문이 아니라, 자기(self)가 부인(denial)되는 고통 때문이다.

사람은 고난 가운데서 자기의 존재가 부인되는 상실감을 겪는다. 고난은 자기 상실(self-loss)을 경험하는 곳이다. 애굽에서 나온 이스라엘 백성들이 가장 기대한 것은 아마도 무엇이든 자신들의 뜻대로 할 수 있다는 자유일 것이다. 애굽의 노예 된 이스라엘 백성들은 뜻대로 계획하고 결정하고 실행할 자유를 가지고 있지 않았다. 노예는 자기(self)라는 존재로 살지 못하고 주인의 그림자로 산다. 노예의 '자기'는 상실된 '자기'이다. 이 때문에 노예의 삶에서 벗어난 이스라엘 백성들은 상실된 '자기'의 회복을 기대했다. 그런데 여기에서 이스라엘 백성들의 기대와 하나님의 의도 사이에 약간의 차이가 있다. 모세는 애굽 왕 바로에게 이스라엘 사람들을 자유롭게 하여 광야에서 하나님께 절기를 지키게 할 것을 요구하였다(출 5:1). 즉 하나님께서 애굽에서 이끌어낸 이스라엘 백성들에게 준 자유는 타락한 자아를 따르며 자기의 삶을 사는 것이 아니라, 거룩한 백성으로서의 정체성을 가지고 거룩한 삶을 사는 것이었다. 결국 애굽에서나 광야에서나 이스라엘 백성들은 자기를 부인해야 한다는 것은 공통점이다. 다만 차이는 애굽에서는 강압에 의한 자기의 상실이고, 광야에서는 자발적으로 자기를 부인한다는 것이다. 그리고 애굽에서는 자아가 상실된 채로 사는 것이고, 광야에서는 하나님의 백성이라는 새로운 자아를 가지고 거룩하게 사는 것이다.

   하나님의 선택을 받고 그의 백성으로 살기 위해서는 먼저 자기를 부인해야 한다. 하지만 인간은 스스로 자기를 부인하지 못한다. 당연히 누구도 스스로 자기가 죽는 것만 같은 자아 상실에 적극적일 수 없다. 개인적으로 자기 부인(self-denial)에 대한 인간의 완강한 거부는 아마도 모든 인간은 결국 자기 상실(self-loss)에 이르게 된다는 두려움에서 기인한다고 본다. 모든 인간은 죽는다. 죽음은 일차적으로 완전한 존재의 상실을 의미한다. 이러한 죽음에 대한 공포가 삶에서 자기에 대한 집착으로 이어진다.

400여 년 동안 애굽에서 자기를 상실한 채 살아온 이스라엘 백성들은 억압에서 벗어나 자기(self)를 회복하여 살 자유에 들떠있었을 것이다. 그런데 하나님은 거룩한 백성이라는 새로운 정체성으로 살 것을 말씀하시며 자기를 부인하라고 요구한다. "내가 거룩하니 너희도 거룩하라"(레 19:2)는 말씀은 결국 자기를 부인하고 하나님의 백성 된 정체성으로 살 것을 요구하는 것이다. 오랫동안 자기를 상실한 채 살아온 이스라엘 백성 입장에서는 또다시 자기를 부인하라는 요구를 받는 것이다. 그것도 강제적인 억압에 의해서가 아니라, 자발적인 부인이기에 결코 쉽지가 않다. 그래서 백성들을 고난의 여정으로 이끄는 것이다. 무려 40년 동안 광야 여정에서 이스라엘 백성들이 경험하는 것은 무기력함이다. 인간은 무기력함에서 자기를 상실한다. 할 수 있는 것도 없고 되는 것도 없는 광야에서 이스라엘 백성들은 자기를 부인하고 모든 것이

가능한 하나님에게로 나아간다. 십자가를 지고 예수를 따르는 삶 역시 이와 마찬가지이다.

  십자가를 지는 삶은 예수 그리스도의 고난에 참여하는 여정이다. 고난에서 인간은 자기를 상실한다. 즉 죄로 타락한 인간의 정체성으로 십자가를 지고 예수를 따를 수 없다. 새로운 생명 안에서 새로운 삶의 정체성으로 예수를 따른다. 그러므로 예수 그리스도 역시 십자가를 지라는 명령에 앞서 자기를 부인할 것을 요구한다(마 16:24, 막 8:34, 눅 9:23). 그래서 바울은 십자가를 지는 삶은 '내가 사는 것이 아니라 내 안에 그리스도께서 사는 것'이라고 설명한다(갈 2:20). 물론 자기를 부인한다고 해서 노예가 되는 것은 아니다. 노예 된 삶과는 근본적으로 다르다. 노예 된 삶은 자기(self)를 상실한 채 억누르는 자의 그림자로 사는 것이고, 십자가를 지는 삶은 타락한 자기(self)는 십자가에서 죽고, 새로운 생명 안에서 새로운 정체성(예수 그리스도)으로 사는 것이다. 그래서 그리스도인은 자기를 부인하고 예수 그리스도의 정체성으로 십자가를 지고 그리스도의 장성한 분량까지 자라난다.

  그리스도인이 예수 그리스도의 삶에 적극적으로 참여하고 고난을 극복하고자 몰입할 때 하나님의 은혜를 경험하며 온전함으로 나아간다. 감사가 회복되고 삶에서 성령의 열매를 맺는다. 헨리 나우웬에 의하면 감사는 "인생의 힘들고 비통한 기억 속에서 기뻐하는 것"이다. 즉 감사는 과거나 현재의 모습을 가정(假定)하며 후회와 더불어 간접적으로 고백하는 것이 아니라, 현재 실재하는 고난에 적극적으로 몰입함을 통해서 발견하는 것이다. 이것이 그리스도인의 성숙한 모습이다. 그리스도인의 성숙은 고난을 통한 인격적 진보라기보다, 고난을 통해 예수 그리스도의 모습을 드러내는 것이다. 고난 가운데에서 감사와 기쁨을 경험하고, 십자가의 고난 속에서 부활을 바라며 삶에서 성령의 열매를 맺는 것이 그리스도인의 성숙이다. 래리 크랩에 의하면 "변화란 하나님의 품성을 경험하는 데서 비롯된다. 즉 석탄이 다이아몬드가 되기 위해서는 세공업자의 손을 거쳐야 한다. 하나님의 은혜는 지금의 너덜너덜한 삶을 빛나게 한다. 그리고 그 은혜는 결속을 통해서 이루어진다." 고난은 하나님과의 결속이 일어나는 장소이다. 그 결속을 통하여 하나님은 석탄과 같은 그리스도인을 다이아몬드가 되게 한다. 그래서 하나님의 성품으로 빛나게 한다.

4. 예수의 고난을 거부하다

누가복음에 나오는 4복과 4화에 대한 말씀은 고난을 대하는 성경의 입장이 분명하게 드러난다. 곧 고난의 삶은 '복'과 연결되고, 고난이 없는 삶은 '화'와 연결된다. 성경은 고난을 하나님 앞으로 나아가 그의 은혜를 경험하는 복의 통로로 바라본다. 따라서 고통에 적극적으로 몰입하고 극복할 것을 요구한다. 특별히 예수 그리스도의 삶에 참여함으로 인해서 당하는 고난은 하나님의 일하심이 드러나고 또한 하나님의 영광에 이르는 길이 된다. 고난 가운데서 극복하려고 하는 자세는 하나님의 은혜를 사모하고 갈구하는 자세이다. 반면에 고난을 거부하고 피하는 것은 운명론적 자세를 가지고 삶을 사는 것이다. 운명론은 '자연현상이나 인간사는 이미 모두 정해진 운명이기 때문에 바꿀 수 없다고 믿는 이론'(교회용어사전)이다. 즉 '모든 사건을 불가항력적인 것으로 받아들이는 시각'(웹스터 사전)이다. 이에 대해서 바울이 "초등학문"(갈 4:3)이라고 명한 바 있다. 그런데 흔히 운명론의 입장은 삶에서 겪는 모든 사건에 저항하지 않고 순응하는 자세를 취한다고 생각한다. 하지만 실제로는 그렇지 않다. 운명론적인 자세를 가지고 사는 사람은 삶에서 일어나는 모든 일에 순응하는 것이 아니라, 순응할 만한 삶이 되기를 바란다. 즉 고난에 저항할 수 없다면, 고난이 없는 길을 걷기 위해 노력한다. 그래서 운명론적 자세를 가진 사람들은 점과 무속에 쉽게 유혹된다. 마치 애굽에서 나온 이스라엘 백성들이 광야에서 어려움에 맞닥뜨릴 때마다 어려움을 극복하고자 하는 것이 아니라, 어려움을 피해서 애굽으로 돌아가고자 하는 것과 같다.

그리고 고비마다 하나님께 표적을 구하거나, 혹은 금송아지를 세우는 것처럼 불안을 극복하는 것이 아니라, 불안을 당장 제거해 줄 무언가를 계속해서 찾는다. 이것이 고난을 저항할 수 없다면 차라리 피하고자 하는 운명론적 자세이다.

운명론적 자세는 여전히 고난에 취약한 인간의 삶을 지배한다. 고난을 극복하려는 자세가 아닌, 고난을 피하려고 점과 무속의 유혹에 빠진다. 그리스도인이라고 해서 예외는 아니다. 그리고 우상을 두지 말라는 하나님의 명령에도 불구하고 광야에서 금송아지를 만들어 세워 당장 불안을 해결하려고 한 것처럼, 예수께서 '화'라고 선포한 것일지라도 고난을 피하려고 부유하고, 배부르고, 웃고, 칭찬받는 삶을 위해 사탄의 손을 기꺼이 잡는다. 고난 가운데서 하나님의 은혜를 구하며 하나님의 일하심을 드러내는 것이 아니라, 고난을 피하는 데에 급급하다. 그래서 십자가에서 고난을 당한 예수를 내리고 고난이 제거된 십자가를 세운다.

고통 없는 십자가 ― 회개, 인내, 기쁨으로부터 도피

고난이 유익(시 119:71)인 이유는 회개와 인내 그리고 기쁨과 연결이 되기 때문이다. 고난을 피하는 삶은 회개하지 않고 인내하지 않고 진정한 기쁨을 경험하지 못한다. 반면에 고난 가운데서 하나님의 은혜를 바라는 삶은 회개하고, 인내하고 고난이 춤이 되는 하나님의 은혜로 인한 기쁨을 경험한다.

아우구스티누스는 『고백록』에서 타가스테에서 살았던 친구의 상실과 어머니의 죽음으로 인해서 심장을 칼로 찌르는 듯한 슬픔과 고통을 겪었다고 이야기한다. 오직 눈물만이 그의 유일한 위로였을 정도로 비통과 슬픔의 가운데 있었다고 한다. 그런데 아우구스티누스는 고통에 대한 설명에 이어서 참회를 이야기한다. 사랑하는 이를 잃은 고난 가운데서 느끼는 고통은 당연하고 죄가 아님에도 불구하고 아우구스티누스가 참회하는 것은 그가 관계의 체계를 세우는 데에 있어서 불균형을 깨달았기 때문이다. 그리스도인은 두 개의 관계 체계를 가진다. 인간관계인 수평적인 체계와 하나님과의 관계인 수직적인 체계이다. 아우구스티누스는 고통과 슬픔을 통해서 그가 수평적인 관계에 강하게 얽매여 있음을 깨달은 것이다. 아우구스티누스는 친구의 상실을 통해 느낀 고통에 대해 "죽을 수밖에 없는 것과의 우정에 압도당하여 벗을 잃어버렸을 때 갈기갈기 찢어진 영혼의 상태"라고 설명하며 세상의 것들에 과도하게 얽매여 있는 것은 죄라고 설명한다. 왜냐하면 "자칫 잘못하면 우리의 영혼이 일시적인 것들을 사랑하고, 그 안에서 평안을 찾고자"하기 때문이다. 아우구스티누스는 궁극적인 평화는 오직 고통을 초월하시는 유일한 분 안에서만 발견할 수 있다고 강조한다. 단순히 우는 행위 자체를 문제로 보는 것이 아니라, 우는 의미를 문제로 보는 것이다. 아우구스티누스가 어머니를 상실하여 마음이 무너지고 울었다는 것은 어머니와의 친밀감을 보여주는 긍정적인 것이다. 하지만 아우구스티누스는 어머니의 상실로 인해 자신이 평화를 잃었음을 문제 삼는다. 수평적인 관계는 영원하지 않다. 언젠가는 관계의 끊어짐을 경험한다. 그런데 수평적인 관계에 지나치게 얽매여 있으면, 친밀한 사람의 상실로 관계가 끊어졌을 때는 삶의 모든 것이 무너지게 된다. 따라서 아우구스티누스는 일시적인 관계가 아닌 영원한 하나님 안에서 변하지 않는 평화와 행복을 찾아야 함을 말한다. 아우구스티누스에 의하면, 만일 어떤 사람이 고통과 슬픔에 압도당한다면 그것은 그가 일시적인 것에 지나치게 집착하고 있다는 사실을 보여주는 증거가 되므로 하나님 앞에 나아와 참회해야 한다. 아우구스티누스는 고난 가운데서 하나님 앞에 참회의 자세가 고난을 극복하는 믿음의 자세라고 주장한다.

아우구스티누스가 고통 가운데 참회의 자세로 고난을 극복하라고 요구한다면, 존 칼빈은 고통을 인내하며 참으라고 말한다. 인간의 고통에 대한 칼빈의 접근은 하나님께서 우리의 모든 것을 다 안다는 사실에서 시작한다. 칼빈에 의하면 "크리스천은 자신이 경험하는 고통은 하나님이 의도한 것임을 의식하거나 적어도

의식하도록 노력해야만 한다." 즉 모든 고난에는 이유가 있다는 것이다. 따라서 고난으로 인해 불평할 것이 아니라 하나님께서 고난으로 의도한 바가 이루어질 때까지 인내해야 한다. 칼빈은 "고난은 하나님께서 당신의 백성을 구원하기 위해 사랑과 자비로 베푸는 것"이라고 말한다. 그래서 고난에 대한 인내는 예수 그리스도와 더 밀접하게 연합된다. 칼빈에 의하면 "고난 가운데 인내가 하나님의 은혜를 경험하고 고난을 극복하는 그리스도인의 자세이다."

고통에 대한 칼 바르트의 입장은 기쁨이다. 하나님의 주권과 은혜가 미치지 못하는 삶의 영역은 한 군데도 없다. 긍정적인 가치에서부터 부정적이라고 여기는 것들에 이르기까지 모든 것은 하나님의 통치 아래에 있다. 모든 것이 하나님께 속한 것이며 우리의 모든 것은 하나님이 선물로 주신 것이고 그리고 당신의 뜻과 목적에 따라 세상을 조화롭게 운행한다. 바르트에 의하면 '하나님께서 창조한 모든 것은 선하다.' 따라서 깊은 나락으로 떨어질 때나 빛이 어둠으로 변할 때 불안해하거나 불평할 이유가 없다. 어둠도 빛처럼 하나님으로부터 나오며 하나님의 손안에 있다. 따라서 고난 역시 하나님의 선한 통치 아래에서 이루어지는 것이다. 하나님의 통치는 선함과 사랑과 은혜로 이루어진다. 하나님은 고난 가운데 인간을 버려두지 않는다. 하나님의 은혜는 고난을 극복하려는 인간의 의지를 외면하지 않는다. 하나님의 선함은 고난 가운데서 선함으로 이루어진다. 그러므로 어느 상황에서든지 그리스도 안에 있는 자의 적절한 반응은 찬양과 기쁨이다. 바르트에 의하면 '그리스도 안에서 발견한 우리의 기쁨에 대한 진정한 시험은 슬픔을 당할 때도 여전히 우리 안에 기쁨을 찾을 수 있는지'이다.

십자가를 지고 그리스도의 고난에 참여한 자의 고난에 대한 자세는 회개, 인내 그리고 기쁨이다. 그리스도인은 고난 가운데서 회개와 인내 그리고 기쁨의 자세를 가지고 고난을 극복하고 하나님의 은혜를 경험하며 하나님의 영광의 자리로 한 걸음 더 나아간다. 그러나 고난을 제거한 십자가를 지려고 하는 자세는 신앙의 삶에서 회개와 인내 그리고 기쁨을 제거하는 것이다. 회개와 인내 그리고 기쁨의 자세가 없이는 십자가를 지고 예수 그리스도를 따를 수가 없다. 결국은 예수 그리스도의 십자가 고난에서 멀어지고, 하나님의 사랑에서 끊어지게 된다.

고난 밖에서 사탄의 유혹

에덴동산에서 사탄은 아담에게 "결코 죽지 않고 눈이 밝아져 하나님처럼 될 것"(창 3:4-5)이라는 말로 하나님께서 "반드시 죽으리라"(창 2:17)는 말로 금하신 선악과를 먹도록 유혹하였다. "반드시 죽는다"는 하나님의 말씀과 "결코 죽지 아니하리라"는 사탄의 유혹에서 아담은 사탄의 손을 잡았다. 결과적으로 에덴동산에서 추방되어 하나님을 떠나 저주받고 유리하는 삶이 되었다. 사탄은 유혹의 말에 책임을 지지 않는다. 반면에 하나님은 당신의 약속에 책임을 진다. 그래서 "반드시 죽으리라"는 그 말씀대로 인간은 하나님에게서 버림받은 존재가 되었다. 예수 그리스도의 고난과 죽음으로 다시 화해하게 되었지만, 인간의 첫 불순종에서 하나님의 명령과 사탄의 유혹 사이의 구도를 명확하게 이해하는 것은 중요하다. 왜냐하면 하나님의 명령과 사탄의 유혹 사이에서 같은 방식으로 인간의 혼란은 계속되기 때문이다.

예수 그리스도는 공생애 시작 전에 광야에서 사탄에게 받은 세 가지 유혹을 모두 거절하였다. '돌이 떡이 되게 하라'는 물질에 대한 유혹, '성전 꼭대기에서 뛰어내려 천사의 도움을 받으라'는 신비에 대한 유혹 그리고 '사탄을 경배하여 세상의 모든 것을 소유하라'는 권세에 대한 유혹을 모두 거절하였다. 세 가지 모두 인간으로 이 땅에 온 예수에게 하나님으로 살 것을 유혹하는 시험이다. 예수는 사탄의 세 가지 유혹을 다 거절하고 대신에 인간으로 사는 삶을 선택하였다. 즉 고난을 선택하였다. 고난을 피하지 않고 극복하여 하나님의 '의'를 드러내야 함을 보였다. 그리고 이 사탄의 유혹은 예수에게만 해당이 되는 것이 아니라, 예수를 따르는 모든 이에게 해당한다. 예수께서 공생애 시작에 시험을 받은 것처럼, 십자가를 지고 예수를 따르는 모든 이들이 직면하는 유혹이다. 그리고 예수는 세 가지―물질과 신비 그리고 권세―를 모두 거절함으로 당신을 따르는 모든 이들에게 본을 보였다.

예수 그리스도가 광야에서 사탄에게 받은 시험은 산상수훈에서 말씀으로 풀어진다. 팔복(마 5:1-12)과 4복 4화(눅 6:20-26) 말씀을 통해서 고난을 피하려고 물질과 신비 그리고 권세를 좇지 말고, 자유를 가지고 고난을 극복하여 하나님의 '의'를 드러낼 것을 말한다. 예수는 자신이 경험한 사탄의 세 가지―물질과 신비 그리고 권세―유혹과 관련해서 산상수훈 말씀으로 다시 한 번 가르친다. 사탄의 유혹에 넘어가 사탄의 손을 잡는 선택을 부요한 자, 배부른 자, 웃는 자 그리고 칭찬받는 자로 풀어서 설명하며 고난을 피하고자 하는 자는 '화'가 있을 것이라 선포한다. 반면에 사탄의 유혹을 거절한 예수 그리스도의 선택은 가난한 자, 주린 자, 우는 자 그리고 미움 받는 자로 설명하며 고난 가운데 있는 자는 '복' 있는 자라고 선포한다. 그래서 고난을 피하지 말고 고난을 극복하며 하나님의 영광의 자리로 나아갈 것을 요구한다. 그러므로 예수 그리스도께서 광야에서 사탄에 의해 시험받는 말씀은 산상수훈 말씀으로 선포된 '팔복'이나 '4복 4화' 말씀과 연결해서 이해할 수 있어야 하며, 동시에 광야에서 그리스도께 행하는 사탄의 유혹은 선악과를 따서 먹도록 아담에게 행하는 유혹과 같은 시험으로 보아야 한다.

"반드시 죽으리라"는 하나님의 말씀에 반하여 사탄은 "결코 죽지 아니하리라"는 말로 아담을 유혹하였다. 그리고 아담은 사탄의 유혹에 끌려 사탄의 손을 잡았다. 결과는 에덴동산에서 추방당하고 하나님에게서 끊어지게 되었다. 그리고 예수 그리스도는 "화 있을진저"라는 말씀으로 고난을 피하지 말 것을 명령하며, 예수의 고난의 십자가를 지고 하나님의 영광의 자리로 나아가기를 요구한다. 하지만 사탄은 고난 밖에서 고난을 피할 길이 있다며 유혹한다. 물질의 손을 내밀고, 신비의 손을 내밀고 권세의 손을 내밀며 잡으라고 유혹한다. 예수 그리스도의 모범과 명령 그리고 사탄의 유혹 사이에서 그리스도인의 선택과 선택에 따른 결과는 에덴동산에서 하나님의 명령과 사탄의 유혹 사이에서 아담이 내린 선택과 결과가 분명하게 보여준다.

제5장

십자가의 예수와 다시 연결되다

†

"믿음의 주요 또 온전하게 하시는 이인 예수를 바라보자
그는 그 앞에 있는 기쁨을 위하여 십자가를 참으사
부끄러움을 개의치 아니하시더니
하나님 보좌 우편에 앉으셨느니라" (히 12:2)

1. 십자가의 예수와 연결되다

예수 그리스도는 이 땅에서 모든 고난을 받고 십자가에서 죽임을 당하였다. 하지만 그는 가장 처참한 상황에서 가장 영광스럽게 부활하였다. 그리고 그리스도는 고난과 부활의 역설 안으로 모든 이를 초청한다. 그리스도는 고난과 부활이라는 역설 안에서 하나님의 은혜의 법을 계시하고 모든 버림받은 자들을 의롭게 만든다. 그리고 십자가를 지고 당신을 따를 것을 요구한다. 고난의 길 너머에 있는 부활의 영광의 자리로 손짓한다. '의'의 길은 핍박받는 길이다. 삶의 자연적인 고난을 의미하는 것이 아니라, 세상에서 '의'로 존재하는 이유로 당하는 고난이 있다. 하지만 십자가의 길에서 당하는 고난은 은혜의 자리가 된다. 십자가를 지고 그리스도를 따르는 삶에서 만나는 고난은 하나님의 음성을 듣는 자리이고, 예수 그리스도의 말씀을 깨닫는 자리이고 그리고 성령의 인도함을 받는 자리이다. 따라서 고난과 자신을 끊으려는 시도, 쉬운 승리를 꿈꾸는 게으름, 모든 것을 가지고 높아지려는 교만, 스스로를 특별하다고 드러내는 기만, 그리고 십자가에서 예수를 끌어내리는 모든 불의한 타협과 왜곡은 십자가를 통한 그리스도의 은혜와 하나님의 사랑에서 끊어지게 하고 하나님의 영광의 자리에서 멀어지게 한다.

'포도나무와 가지'의 관계 회복

십자가를 지고 예수 그리스도를 따르는 삶은 소유를 통해서 채우고 높아져서 자기를 증명하는 것이 아니라, 비우고 낮아짐을 통해 예수 그리스도를 증명하는 것이다. 즉 믿음의 삶은 내가 움켜쥐는 삶이 아니라, 하나님의 움켜쥠 안에서 사는 것이다. 포도나무 가지가 열매를 맺기 위해 영양분을 뿌리로부터 차지하는 것이 아니다. 뿌리가 가지를 보전하는 것이다(롬 11:18). 그리스도인의 삶은 은혜를 소유하기 위해 몸부림치며 하나님 앞에서 자신을 증명하지 않는다. 대신에 하나님의 은혜 안에서 거하며 은혜에 흠뻑 적셔진 삶으로 하나님을 증명한다(요 15:7-8).

창세기는 포도나무와 가지의 관계 회복 메시지가 담겨 있다. 하나님께서 당신의 형상대로 인간을 창조하시고 복을 주셨다. "생육하고 번성하여 땅에 충만하라, 땅을 정복하라, 바다의 물고기와 하늘의 새와 땅에 움직이는 모든 생물을 다스리라 하시니라"(창 1:28). 하나님은 인간이 복의 근원이 되게 하였다. 즉 에덴동산에서 인간은 복 안에서 거하는 삶이었다. 하지만 아담은 하나님이 금한 선악과를 먹고 추방당했다. 즉 복(은혜)으로부터 추방된 것이다. 아담은 '먹으면 하나님처럼 될 것'이라는 사탄의 유혹에 선악과를 먹었다. 아담은 하나님이 아닌 스스로 자신의 근원이 되고자 한 것이다. 포도나무 가지가 뿌리를 통해서 보존되는 것이 아니라 뿌리에서 끊어져 스스로 보존되기를 바란 것이다. 그렇게 아담은 에덴동산에서 추방되어 하나님에게서 끊어지고 복의 근원에서 버림받은 삶이 되었다. 하지만 포도나무에서 끊어진 가지가 완전히 제거되듯이 인간을 당신에게서 완전히 단절하여 버린 것이 아니라, 하나님께서는 아담과 하와를 만드신 후에 그 삶에 허락한 완전한 복(창 1:28, 은혜)을 아담, 셋, 에노스를 거쳐서 노아로 이어지게 하였다. 하나님께서 노아와 그 아들들에게 "생육하고 번성하여 땅에 충만하라"(창 9:1)는 말씀과 함께 모든 것을 다스릴 것을 명령한다. 하나님이 아담과 하와에게 허락한 온전한 복(은혜), 곧 에덴동산에서 하나님 그리고 아담과 하와가 포도나무와 가지의 관계로 존재하며 온전하게 누린 복이 노아와 아들들을 통해서 이어지는 것이다. 그리고 이 태초의 온전한 복은 하나님이 아브라함을 선택하여 복의 근원으로 세우면서 본격적으로 이어진다(창 12:1 – 3; 22:17 – 18).

하나님께서 아브라함을 선택하고 복의 근원으로 세우고는 '생육하고 번성하고 충만한 복' 뿐만 아니라 아브라함으로 인해서 더불어 모두가 복을 받게 한다. 하나님은 아브라함에게 삶에서 나열할 수 있는 복을 베푼 것이 아니라, 복의 근원이 되게 한다. 즉 포도나무와 가지의 관계를 회복한다. 그래서 아브라함은 하나님의 은혜 안에서 거하며 '뿌리의 보존을 받는 가지'가 된다. 그리고 복의 근원이 되는 아브라함의 은혜는 이삭에게로 이어지고(창 26:2-4), 이삭에서 야곱으로(창 28:1-3), 요셉으로(창 48:15-16), 이스라엘 백성으로(민 6:22-27), 예수 그리스도에게로, 그리고 예수 그리스도를 믿는 모든 이(요 3:16; 15:7-8, 롬 5:1-2)에게로 이어진다. 따라서 복은 쟁취하여 소유하는 것이 아니라 회복하는 것이다. 즉 복은 하나님께서 인간을 창조하였을 때의 포도나무와 가지의 관계를 회복하는 것이다.

그리스도인이 십자가를 지고 예수를 따르는 것은 예수 그리스도를 통해 회복된 포도나무와 가지의 관계 안에 거하며 복의 근원으로 살아가는 것이다. 그리고 궁극적으로 복 그 자체인 하나님과의 완전한 결합을 향해서 나아가는 것이다.

예수 그리스도의 십자가 은혜 안에 거하는 자는 "악인들의 꾀를 따르지 아니하며 죄인들의 길에 서지 아니하며 오만한 자들의 자리에 앉지 아니하고 오직 여호와의 율법을 즐거워하여 그의 율법을 주야로 묵상하는도다 그는 시냇가에 심은 나무가 철을 따라 열매를 맺으며 그 잎사귀가 마르지 아니함 같으니 그가 하는 모든 일이 다 형통하리로다"(시 1:1-3). 그리스도인의 삶은 시냇가에 심은 나무와 같다. 시냇가에 심은 나무는 시냇물에 의해 보존되는 것처럼, 예수 그리스도의 십자가 은혜 안에 거하는 자는 하나님의 은혜에 의해 삶이 보존된다. 뿐만 아니라 시절을 좇아 과실을 맺듯이 성령의 열매를 맺는 삶을 살고 더불어 모든 이에게 하나님의 은혜를 흘려보내는 복의 근원이 된다.

2. 적개심에서 환대(Hospitality)로 돌아서다

예수 그리스도는 십자가에서 스스로 버림받음으로 모든 버림받은 이들을 하나님과 화해하게 하였다. 그래서 예수 그리스도는 십자가에서 모든 죄인을 환대한다. 환대는 십자가의 은혜 안으로 들어오는 모든 이들을 향한 예수 그리스도의 자세이고 동시에 십자가를 지고 예수 그리스도를 따르는 이들이 타락한 세상과 여전히 버림받은 상태로 살아가는 이들을 향해서 가지는 자세이다. 반면에 적개심은 여전히 육체의 정욕을 따라 살면서 스스로를 높이며 자신의 삶을 채우기 위해 소유를 추구하며 타인의 삶을 밟고 서 있는 이들의 삶의 자세이다. 정욕을 따라 소유를 추구하는 자는 이기적일 수밖에 없는데, 에리히 프롬에 의하면, 이기적인 사람은 '모든 것을 가지기를 원하고, 공유가 아니라 점유를 통해서 즐거움을 느끼고, 많이 소유할수록 자신의 존재가 커진다고 생각하여 더욱 더 탐욕스러워지고 모든 타인에 대하여 적대감을 가진다.'

적개심은 십자가의 은혜마저도 소유하려는 마음이다. 반면에 환대는 받은 은혜를 전하고 나누는 자세이다. 따라서 십자가에 달린 예수 그리스도 안에서 하나님과 화해하여 화평을 누리는 자는 십자가의 은혜를 전하기 위해 세상을 향해 환대의 자세를 가진다.

환대의 성서적 의미

환대를 성경에서 찾아서 이해한다면, 바로 돌아온 탕자를 맞이하는 아버지의 모습이다(눅 15:11 - 32). 환대란 모든 것을 탕진하고 부끄러운 삶으로 돌아오는 아들을 아버지가 멀리서 알아보고 버선발로 달려 나가 끌어안고 입 맞추며 아들을 위해 잔치를 벌이는 것이다. 헨리 나우웬은 『상처 입은 치유자』에서 환대는 돌아온 탕자를 맞이하는 아버지의 품과 같은 것으로, "자신의 공간으로 초대하는 열린 자세이고, 타인의 혼란을 이해하는 긍휼의 표현이며, 미래로 향한 소망을 제시하는 행동"을 모두 포괄하는 표현으로 설명한다. 환대는 우리 자신의 두려움이 만들어 내는 편견에서 벗어나서 타인에게 다가가는 행동이고, 기꺼이 자신의 공간을 개방하는 자세이다. 그래서 환대는 두려워하는 제자가 힘 있는 제자가 되게 하고, 의심 많고 인색한 마음이 베푸는 관대함을 갖게 하고, 닫힌 마음이 세상과 타인을 향해서 흥미를 갖게 한다. 그리고 환대는 믿음 안에서 서로 신뢰하게 하고, 신뢰는 서로의 연약함을 드러내는 담력이 생기게 한다. 그래서 소망을 공유하게 하고, 공유된 소망은 함께 협력하는 힘이 된다.

성경에서 강조하는 관계적, 공동체적 지침은 '나그네를 대접하라'(창 19:6-10, 마 25:37-41)는 환대이다. 나그네를 대접한다는 것은 외인을 손님으로 받아들이는 것이다. 그래서 조슈아 W. 지프는 『환대와 구원』에서 환대는 "외인의 정체성이 손님의 정체성으로 변환되는 행위 또는 과정"이라고 강조한다.

구별로써의 환대

환대는 구별의 의미를 가진다. 환대는 무분별한 환영(welcome)을 의미하지 않는다. 환대 역시 경계가 있는 것이다. 즉 환대는 관용과 배타의 구분이 있다. 돌아온 탕자를 맞이하는 아버지의 환대는 사랑과 긍휼, 그리고 용서에 대한 수용(관용)이다. 그리고 탕자의 형에게서 발견되는 시기와 질투에 대한 배제(배타)이다.

환대는 시편 23편의 목자의 손에 들린 지팡이와 막대기에 비유된다. 목자의 손에 들린 지팡이와 막대기는 관용과 배타의 구분이 있다. 목자에게 속한 양에게는 환대의 역할(관용)을 하고, 목자에게 속하지 않는 이리에게는 두려움(배타)의 역할을 한다. 목자는 그 손에 들린 지팡이로 자신에게 속한 양을 울타리 안으로 초대하고, 음침한 골짜기에서 보호하고, 푸른 초장과 쉴 만한 물가로 인도한다. 반면에 목자는 지팡이와 막대기로 자신에게 속하지 않거나 자신의 양을 위협하는 무리를 위협한다. 목자는 이러한 관용과 배타의 모습으로 목자와 양의 관계를 유지한다. 즉 목자와 양의 정체성을 유지한다.

이처럼 환대는 하나님께 속한 것과 속하지 않은 것에 경계[10]를 두고 구별한다. 그래서 조슈아 W. 지프에 의하면, 환대를 통해서 하나님의 백성으로서의 정체성을 형성하고 유지하게 된다.

구원으로써의 환대

환대는 구원의 의미를 가진다. 「클레멘스 1서」는 환대가 구원과 밀접하게 연결되어 있는 요소로 교회가 구원에 대한 사명을 가능하게 한다고 증언한다. 기원후 1세기 말엽(95-97년)에 「클레멘스 1서」로 알려진 편지가 로마 교회에서 고린도 교회로 보내졌다.

---

[10] Steve Bouma-Prediger and Brian J. Walsh, 『Beyond Homeless: Christian Faith in a Culture of Displacement』 (Grand Rapids: Eerdmans. 2008), 52. "경계가 없다면 가정, 환대 장소, 안전, 지역에 대해 잘 알고 있는 친밀감을 갖춘 '공간' 개념이 존재할 수 없다. 경계가 없다면 공간성이 없고 따라서 다른 공동체, 가족, 이웃과 구별되는 특정 공동체, 가족, 이웃에서도 소속감도 있을 수 없다. 요컨대 경계가 없다면 정체성 자체가 불가능하다."

이 편지의 목적은 고린도 교회 교인들이 교회에 해를 입히고 있는 파벌주의, 분열 및 질시를 없애도록 지시하기 위함이었다. 이 편지의 저자는 교회가 닮아야 할 일련의 성서적 모델을 제시하는데, 이 제시에 따르면 교회가 어떻게 시기와 불화를 근절시키고 평화를 확보할 수 있느냐는 주제에 초점을 맞추고 있다. 이러한 성서 영웅 중 세 명은 아브라함, 롯 그리고 라합인데 이들은 모두 그들의 환대의 결과로 구원받게 되었다고 소개된다(10.1 - 12.8).[11]

아브라함이 여러 민족의 아비가 될 것이라는 하나님의 약속(창 15:1 - 6; 17:1 - 14)은 창세기 18장에서 아브라함이 세 남자에게 환대를 베풂으로써 자신의 믿음과 경건을 보여준 뒤에 확인된다(창 18:1 - 15). 즉 세 남자를 자신의 장막 안으로 맞아들임으로써 보여준 아브라함의 믿음은 하나님이 노년에 아브라함과 사라에게

---

[11] "그리고 그가 다시 말했다. 하나님이 아브라함을 이끌고 나가서 그에게 이렇게 말씀하셨다. 하늘을 올려다보고 별들을 셀 수 있거든 한 번 세어 보아라. 네 씨도 그렇게 될 것이다. 그러자 아브라함이 하나님을 믿었고 이것이 그에게 의로 여겨졌다. 그의 믿음과 환대로 인해 그의 노년에 아들이 주어졌고, 순종하기 위해 아브라함은 하나님이 그에게 보여주신 신에게 자신의 아들을 하나님께 제물로 바쳤다"(10.6 - 7)

"그의 환대와 경건으로 인해, 롯은 소돔 전역이 불과 유황으로 심판을 받았을 때 소돔에서 구출되었다. 이런 식으로 주님은 자신에게 소망을 둔 자들은 버리지 않고, 자신을 거절하는 자들에게는 벌과 고통을 받게 할 것임을 명확하게 보여주었다"(11.1)

"그녀의 믿음과 환대로 인해 기생 라합은 구원받았다. 눈의 아들 여호수아가 정탐꾼들을 여리고로 보냈을 때, 그 땅의 왕은 그들이 자기 나라를 정탐하러 들어왔음을 알게 되었다. 그래서 그는 그들을 잡는 즉시 죽이기 위해 이 정탐꾼들을 잡으러 부하들을 보냈다. 그러나 친절한 라합은 그들을 자기 집 안으로 들여서 위층에 놓인 삼대 밑에 숨겼다"(12.1 - 3)

아들을 주겠다는 확인으로 귀결된다. 그리고 롯이 경건과 환대로 인해 구원받았다는 「클레멘스 1서」의 주장과 관련하여 우리는 소돔과 고모라는 냉대와 외인들에 대한 학대로 인해 멸망한 반면에, 롯은 그가 베푼 환대(창 19:1-3)로 하나님으로부터 구원받을 수 있었다는 것을 알고 있다. 조슈아 W. 지프는 『환대와 구원』에서 베드로후서에서 롯을 '의로운 롯'으로 언급하는(벧후 2:7) 이유 역시 롯의 환대 때문이라고 설명한다. 또한 정탐꾼들에 대한 라합의 환대는 이스라엘의 하나님에 대한 그녀의 믿음을 나타내는 표지로 간주하고(수 2:8-13), 그녀는 이스라엘이 그 땅으로 들어올 때 구원을 받게 된다(수 2:14). 그래서 히브리서 저자는 라합이 정탐꾼을 평안히 맞이한 데서 라합의 믿음이 입증되었다고 말한다(히 11:31). 아브라함과 롯 그리고 라합을 통해서 엿볼 수 있는 것은 구원하는 믿음은 환대 행위를 통해 증명된다는 것이다. 그래서 환대는 구원의 의미를 가지고 있다.

환대, 이웃사랑의 실천

환대는 의와 불의를 구별하는 하나님의 손에 들린 지팡이이고, 십자가를 지고 예수를 따르는 이에게는 죄인을 향해 외치는 구원으로의 초청이고 그리고 예수 그리스도가 머리인 몸 된 교회에는 타락한 세상과 모든 죄인을 향해 열려있는 구원을 향한 문(門)이 된다.

환대는 교회와 성도를 향한 하나님의 제1계명으로 하나님께서 예수 그리스도를 통해 우리를 사랑하신 것과 같은 방법으로 우리의 이웃을 사랑하는 것이다.[12] 동시에 환대는 서로를, 우리의 문제들을, 우리의 새로운 생각들을 열린 마음과 돌보는 자세로 용납하는 길이다. 그리고 이것은 예수 그리스도를 머리로 하는 진리의 공동체를 세우는 기풍을 만드는 것을 의미한다. 진리의 공동체가 세워질 때 구원의 소명을 감당할 수 있는 것이다.

헨리 나우웬은 『영적 발돋움』에서 환대의 자리는 쉽게 적개심으로 대체될 수 있음을 경고한다. 적개심은 소외되게 하고, 하나님과 단절되게 하여 구원의 사명을 잃어버리게 한다. 때문에 그리스도인은 환대의 자세를 잃어버리지 않도록 해야 한다. 예수 그리스도 안에서 하나님의 은혜를 입은 자는 십자가에 달린 예수 그리스도의 환대로 말미암은 것이다. 그리고 다시 십자가를 지고 예수를 따르는 자는 그리스도가 십자가에서 보인 환대의 자세로 세상에서 거룩한 정체성을 지켜나가고 많은 죄인이 하나님에게로 돌아오게 하는 구원의 걸음을 내디딘다.

---

12   Adele Ahlberg Calhoun, 『*Spiritual Disciplines Handbook*』,

3. 성령 안에서 살다

예수 그리스도는 제자들에게 자기의 수난과 죽음 그리고 부활에 대한 예고와 더불어 성령이 올 것에 대해서도 예고한다. 그리고 성령이 "진리 가운데 인도"할 것이라고 이야기한다(요 16:1-14). 즉 성령이 예수 그리스도의 십자가 은혜를 알게 하고, 예수 그리스도 안에서 영원한 하나님의 영광으로 이끌 것임을 말한다. 예수는 자신이 온 목적을 이루는 절정을 준비하며 동시에 성령이 올 것에 대한 예고와 그가 하는 일에 대해서 설명한다. 그리스도께서 자신의 죽음과 부활에 대한 예고와 함께 성령이 올 것에 대해서 같이 이야기하는 이유는 성령께서 하는 일은 그리스도의 고난과 죽음 그리고 부활의 연장선에 있기 때문이다. 즉 성령은 성부 하나님이 예수 그리스도를 통해 드러낸 '의' 안에서 죄로 인해 버림받은 인간이 하나님의 나라를 상속받은 자녀로 다시 태어나게 한다(딛 3:5-7).

예수 그리스도는 당신의 제자들에게 예고한 죽음과 부활에 대한 약속을 이룬다. 죽음에서 부활한 그리스도는 다시 올 것에 대한 약속과 함께 종말론적 희망을 제시하고는 승천한다. 그리고 오순절날 예수 그리스도의 약속대로 마가의 다락방에 성령이 강림한다. 몰트만은 『생명의 영』에서 "성령론은 그것이 전제하는 그리스도론과 그것이 지향하는 종말론 사이에 있는 그 자신의 권리를 발견한다"고 말한다. 즉 성령은 예수 그리스도의 십자가 은혜와 종말의 때에 예수 그리스도의 다시 오심 사이에서 활동한다. 그리고 성령의 활동 목적은 예수 그리스도가 다시 올 때까지 버림받은 인간을 십자가의 속죄의 은혜 안으로 이끌고, 십자가를 통해 드러난 하나님의 은혜 안에 거하게 하고, 그리고 미래의 희망으로 향하게 하는 것이다. 따라서 성령의 사역은 십자가에 달린 예수 그리스도를 통해서 드러난 하나님의 은혜 안에서 하나님의 버림받은 자의 칭의와 미래에 하나님 나라를 상속할 희망으로 다시 태어나게 하는 데에 있다. 그러므로 누구든지 성령의 인도를 따라 사는 사람은 하나님의 자녀이다(롬 8:14).

몰트만에 의하면 '성령 없이 죄인의 칭의가 이루어지지 않는다.' 왜냐하면 죄인을 의롭게 하는 믿음은 하나님의 사랑이 성령을 통하여 우리 마음속에 부어졌다는 것이기 때문이다(롬 5:5). 따라서 성령 경험은 '십자가에서 죽고, 다시금 부활하고 승천한 그리스도를 현재화시키는 것'이고, 또한 예수와 함께 받을 하나님의 영광을 현재에 맛보는 것이다. 그래서 "성령 안에 있는 삶은 언제나 예수의 뒤를 따름"이 된다.

예수 그리스도는 십자가에서 달려 죽음으로 속죄와 칭의의 은혜를 이루었다. 예수는 인간의 죄를 대신하여 십자가에서 죽었고 또한 그를 믿음으로 불의한 인간은 하나님의 '의'로 의롭게 여김을 받는다. 부활한 예수가 승천하고 난 이후 오순절 강림한 성령은 예수를 통한 십자가의 은혜를 인간이 인식하게 하고 그 안에서 하나님의 자녀로 다시 태어나게 한다. 그리고 성령 안에서 십자가를 지고 예수 그리스도를 따르는 삶을 살게 한다. 따라서 성령의 인도함을 받는 삶은 예수 그리스도를 좇아 그의 말씀을 듣고 지키는 삶이다. 그러므로 세상과 타협하며 "그리스도의 복음을 변하게"(갈 1:7) 한다면 성령 안에서 살아간다고 볼 수 없다. 연약한 삶의 탄식을 자기의 탄식으로 삼고 정의를 행하는 것이 아니라, 연약한 자의 눈물을 밟고 일어서 자기의 삶을 채우고 스스로를 높인다면 성령의 인도함을 받는다고 볼 수 없다. 성령 안에서 성령의 인도함을 받으며 하나님의 자녀로서 하나님 나라의 희망을 향해 걷는 그리스도인은 예수 그리스도의 십자가 은혜를 과거의 사건으로 여기며 예수를 십자가에서 내리고 자신만을 위한 삶을 살기 위해 결코 사탄의 손을 잡지 않는다.

끝맺음

성경은 예수를 '포도나무' 그리고 그리스도인을 '가지'로 비유하여 관계를 설명한다(요 15:1-2). 포도나무에서 끊어졌거나 혹은 문제가 있어 열매를 맺지 못하는 가지는 농부에 의해 제거된다. 반면에 열매를 맺는 가지는 더 깨끗하게 관리된다. 따라서 가지는 포도나무에 잘 연결되어서 뿌리로부터 영양분을 공급받아 열매를 맺어야 한다. 이처럼 그리스도인 역시 예수 그리스도의 십자가 은혜 안에 거하며 예수와 잘 연결되어야 한다. 그래서 하나님의 지혜와 지식 그리고 능력을 공급받아 삶에서 성령의 열매(갈 5:22-23)를 맺어야 한다. 그렇지 못하면 영원한 하나님의 영광에 들어가지 못한다.

그리스도인이 예수 그리스도의 십자가 은혜 안에서 거하며 또한 성령의 인도를 받아 삶에서 성령의 열매를 맺고 하나님의 영광에 이르기 위해서는 하나님 이외의 다른 우상과 연결되어 있으면서 모든 우상의 헛된 지혜와 거짓 능력을 의지해서는 안 된다. 하나님의 은혜와 예수 그리스도의 말씀 이외의 모든 금송아지를 삶에서 제거해야 한다. 이단의 생각과 무속의 풍습에서 벗어나 말씀에 귀를 기울여야 하고, 자신을 높이고 스스로를 의지하는 '환상'에서 벗어나 하나님 앞에서 낮아져 그의 은혜를 사모하는 '기도'로 나아가야 한다.

가시나무 가지가 포도나무로부터 영양분을 공급받지 못하는 것이 놀랄만한 일인가. 여전히 버림받은 상태에 있는 자들이 예수의 십자가 은혜를 깨닫지 못하고 사탄의 손을 잡는 것이 새삼스러운 일인가. 하지만 포도나무 가지가 포도나무에 제대로 연결되어 있지 않아 뿌리로부터 진액을 공급받지 못한다면 문제이다. 그리스도인이 예수의 십자가 은혜 안에 거하여 말씀으로 살아가지 못하고 육체의 욕망을 좇으며 금송아지를 세우고 사탄의 손을 잡는다면 부끄러운 일이다. 안타까운 일은 계시된 하나님의 뜻인 말씀과 성령의 탄식에도 불구하고 많은 그리스도인이 육체의 욕망을 이루기 위해 하나님이 아닌 금송아지에게 기꺼이 경배하고, 예수 그리스도가 아닌 사탄의 손을 잡고 부끄러움 속에 산다는 것이다.

하나님께서 금한 선악과를 누가 따서 먹었는가? 선악과를 먹지 말라는 하나님의 명령을 받은 아담이다.

누가 바벨탑을 쌓아 하나님에게까지 닿고자 하였는가? 홍수심판에서 하나님의 은혜로 구원받은 노아의 후손이다.

광야에서 금송아지는 누가 세웠는가? 하나님께서 열 가지 재앙으로 애굽에서 이끌어낸 당신의 백성들이다.

예수 그리스도를 십자가에 못 박으라고 외친 무리들은 누구인가? 예수께서 나귀를 타고 예루살렘에 들어올 때, '호산나 다윗의 자손이여!'라고 외치며 환영한 무리다.

그리고 오늘날 누가 하나님의 이름이 만홀히 여김을 받게 하는가? 예수 그리스도가 머리라고 고백하는 교회이고, 스스로를 그리스도인이라 일컫는 자들이다.

이렇게 보면, 다윈의 진화론은 틀렸다. 모든 역사를 통해 보건대, 죄에 있어서 진화는 이루어지지 않았다. 죄는 곧 심판이라는 역사가 끊임없이 반복되는데, 왜 죄에 있어서 진화는 이루어지지 않는가. 진화는 '삶'은 설명하지만, '존재'는 설명하지 못한다. 오직 하나님만이 존재를 설명한다. 인간의 존재와 타락 그리고 회복은 오직 하나님 안에서만 설명이 된다. 예수 그리스도가 십자가에서 인간을 하나님과 화해하게 하여, 하나님께서 의도한 원래의 모습으로 회복하는 다리를 놓았다. 그리고 성령이 예수 그리스도 안에 있는 인간을 하나님께서 의도한 희망을 향해 이끌어 간다. 따라서 온 마음을 다해 하나님을 사랑하고, 예수 그리스도의 십자가 은혜 안에서 그를 좇으며, 그리고 성령의 인도함을 따라 믿음의 경주를 다해야 한다.

참고서적

김명용.『칼 바르트의 신학』, 이레서원, 2007.
그렌츠, 스탠리.『조직신학』, 크리스천다이제스트, 2003.
나우웬, 헨리.『상처 입은 치유자』, 두란노, 2011.
나우웬, 헨리.『영적 발돋움』, 두란노, 2022.
나우웬, 헨리.『춤추시는 하나님』, 두란노, 2011.
데머리스트, 브루스.『십자가와 구원』, 부흥과개혁사, 2006.
도킨스, 리처드.『만들어진 신: 신은 과연 인간을 창조했는가?』, 김영사, 2007.
라이트, 톰.『악의 문제와 하나님의 정의』, IVP, 2008.
루이스, C. S.『고통의 문제』, 홍성사, 2018.
루이스, C. S.『네 가지 사랑』, 홍성사, 2019.
루이스, C. S.『순전한 기독교』, 홍성사, 2018.
루이스, C. S.『스크루테이프의 편지』, 홍성사, 2018.
루이스, C. S.『인간 폐지』, 홍성사, 2019.
몰트만, 위르겐.『생명의 영』, 대한기독교서회, 2017.
몰트만, 위르겐.『십자가에 달리신 하나님: 기독교 신학의 근거와 비판으로서의 예수의 십자가』, 한국신학연구소, 2007.

박원기.『예수롭게』, CLC, 2022.
브로밀리, 제프리.『바르트 교회 교의학 개관』, 크리스천다이제스트, 2001.
샌델, 마이클.『정의란 무엇인가』, 와이즈베리, 2014.
신채호.『조선상고사』, 시공사, 2023.
엔리케스, 후안.『무엇이 옳은가』, 세계사, 2022.
이어령.『빵만으로는 살 수 없다』, 열림원, 2011.
지프, 조슈아 W.『환대와 구원』, 새물결플러스, 2019.
캘러, 팀.『팀 켈러의 정의란 무엇인가』, 두란노, 2012.
캘러, 팀.『팀 겔러, 하나님을 말하다: 하나님에 대한 오해와 진실』, 두란노, 2017.
크랩, 래리.『끊어진 관계 다시 잇기』, 요단출판사, 2002.
펨브로크, 닐.『예배와 목회돌봄』, CLC, 2016.
프롬, 에리히.『소유냐, 존재냐』, 까치, 2011.
헤셸, 아브라함 요수아.『안식』, 복 있는 사람, 2007.
히라하라 스구루.『처음 만난 철학』, 시그마북스, 2017.

Adele Ahlberg Calhoun.『Spiritual Disciplines Handbook』, InterVarsity Pr, 2005

Arnold, Clinton E.『3 Crucial Questions about Spiritual Warfare』, Baker Books, 1997.

Greenman, Jeggrey P., Kalantzis, George.『Life in the Spirit: Spiritual Formation in Theological Perspective』, IVP Academic, 2010.

Palmer, Parker.『To Know as We Are Known: A Spirituality of Education』, HarperSanFrancisco, 1983.

Rae, Scott B.『Doing the Right Thing: Making Moral Choices in a World Full of Options』, Zondervan, 2013.